zeitreise 9/10

Arbeitsheft Sprachförderung

Dr. Silke Bakenhus, Christine Dzubiel

Didaktische Beraterin
Dr. Ina Baumann

Arbeitsheft von

_____

Ernst Klett Verlag
Stuttgart · Leipzig

Inhalt

1
1933 bis 1945

Nationalsozialismus, Zweiter Weltkrieg und Holocaust

1933
Am 30. Januar wird Adolf Hitler zum Reichskanzler ernannt.

1935
Die Nürnberger Rassengesetze treten in Kraft.

1 Sprich über das Bild. Nutze die Wörter.

die Kleidung	die Uniform, -en	die Fahne	das Hakenkreuz
der Gerichtssaal	die Person, -en	der Richtertisch	

9. November 1938	1939	1941	1945
SA-Männer greifen Juden an, zerstören Geschäfte und zünden Synagogen an.	Am 1. September greift Deutschland Polen an. Der Zweite Weltkrieg beginnt.	Am 22. Juni beginnen die Deutschen einen Vernichtungskrieg gegen die Sowjetunion.	Am 8. Mai kapituliert Deutschland, am 2. September Japan. Der Zweite Weltkrieg ist beendet.

2 Wähle eine Person aus. Was ist ihre Rolle?

der Richter	die Angeklagte	der Zuschauer	der Polizist
sich verteidigen	ein Urteil sprechen	bewachen	zuhören

3 Beschreibe die junge Frau in der Mitte.

gerade	konzentriert	ordentlich gekleidet	Hände auf dem Stuhl	…

4 Was denkt die junge Frau?

Das stimmt gar nicht!	Das ist so ungerecht!	Der Richter sagt furchtbare Dinge …

Hitler will die ganze Macht

👁 **1** **Lies den Text. Achte besonders darauf, wie Adolf Hitler seine Diktatur festigte.**

T1 Reichskanzler Hitler

Reichspräsident Hindenburg hatte Adolf Hitler (NSDAP)
am 30. Januar 1933 zum Reichskanzler ernannt. Hitler war
Führer der stärksten Partei im Reichstag, der NSDAP. In der
5 Regierung waren außer ihm aber nur zwei Minister von der
NSDAP. Deshalb ließ Hitler die Deutschen neu wählen. Er
wollte die ganze Macht.

T2 Der Reichstagsbrand und seine Folgen

In der Nacht vom 27. Februar 1933 brannte es im
10 Reichstagsgebäude. Die Nationalsozialisten gaben
den Kommunisten dafür die Schuld. Deshalb erließ
Reichspräsident Hindenburg eine Notverordnung:
Politische Gegner durften verhaftet werden, Zeitungen
wurden verboten, die Meinungsfreiheit war eingeschränkt.
15 Hindenburg setzte damit die Grundrechte außer Kraft.
Eigentlich mussten Notverordnungen schnell wieder
aufgehoben werden. Aber das wurden sie nicht. Die ganze
Macht bekam Hitler trotzdem nicht: Bei den Wahlen am
5. März 1933 bekam die NSDAP 44 Prozent.

20 ### T3 Festigung der Diktatur

Am 23. März 1933 legte Hitler dem Parlament das
„**Ermächtigungsgesetz**" vor. Darin stand: Die Regierung
darf ohne das Parlament Gesetze erlassen. Die NSDAP
machte den Gegnern des Ermächtigungsgesetzes Angst.
25 Viele Mitglieder der SPD und der KPD wurden verhaftet.
Bewaffnete SA-Männer standen um das Reichstagsgebäude

die Not·verordnung
ein Befehl des
Reichspräsidenten, das
Parlament hatte nichts zu
sagen

etwas außer Kraft setzen
sagen, dass etwas nicht gilt

die SA-Männer
SA = die „Sturm-Abteilung";
die Partei-Armee der NSDAP

herum. Deshalb stimmten die meisten Abgeordneten für

das Ermächtigungsgesetz. Nur die SPD stimmte dagegen.

Das Parlament war jetzt machtlos.

2 Was passierte im Januar bis März 1933? Ordne zeitlich (T1 bis T3).

☐ Hitler ließ die Deutschen neu wählen.

1 Hindenburg ernannte Hitler zum Reichskanzler.

☐ Die NSDAP bekam nicht die ganze Macht.

☐ Das Parlament war jetzt machtlos.

☐ Hindenburg erließ eine Notverordnung: Die Grundrechte waren außer Kraft.

☐ Das Parlament stimmte für das Ermächtigungsgesetz.

☐ Im Reichstagsgebäude brannte es.

3 Warum stimmte die Mehrheit im Parlament für das Ermächtigungsgesetz? Fülle aus (T3).

| bewaffnete SA-Männer | Angst | gegen das Gesetz | politische Gegner |

Die NSDAP ließ _____ verhaften. Am Tag

der Abstimmung standen _____ um den Reichstag

herum. Viele Abgeordnete hatten _____ .

Nur die SPD stimmte _____ .

4 Löse in deinem → Schülerbuch: Aufgabe A4 (Seite 15).
Was denkst du über das Verhalten der Abgeordneten?

| Angst haben | mutig sein | die Pflicht haben | gewählt sein | die Ehre |

Ich finde, dass ... _____ .

Ich kann verstehen, dass ... _____ .

Ich glaube, dass ... _____ .

→ Seite 16/17 im Schülerbuch

Auf dem Weg in den Führerstaat

👁 **1** **Lies den Text. Achte besonders darauf, wie Adolf Hitler seine Diktatur ausbaute.**

T1 „Gleichschaltung"

Die Nationalsozialisten schufen einen Staat, in dem alle dem „Willen des Führers" gehorchen mussten. Wichtige Bereiche des Staates und der Gesellschaft wurden

5 **„gleichgeschaltet"**. Das heißt, dass alle Vereine, Verbände und Parteien zu NSDAP-Organisationen wurden. Ein neues Gesetz bestimmte, dass Beamte aus politischen oder „rassischen Gründen" entlassen werden durften (April 1933). Die Länder des Deutschen Reiches verloren

10 ihre Eigenständigkeit. Anfang Mai 1933 wurden die freien Gewerkschaften verboten. Im Juni 1933 wurde die SPD verboten. Die anderen Parteien hatten sich schon aufgelöst oder der NSDAP angeschlossen.

rassische Gründe

Manche Menschen glauben, dass es bei Menschen Rassen gibt und dass Menschen anderer „Rasse" weniger wert sind.

die Eigen·ständig·keit

hier: Die einzelnen Länder im Deutschen Reich konnten bisher manche Dinge ohne die Reichsregierung entscheiden.

T2 Selbstgleichschaltung

15 Viele Menschen passten sich freiwillig an. Sie traten 1933 in die NSDAP ein. Manche von ihnen waren überzeugte Nationalsozialisten. Andere hatten Angst, oder sie wollten Karriere machen.

T3 Führer und Reichskanzler

20 Reichspräsident Hindenburg starb am 2. August 1934. Hitler übernahm sein Amt. Er nannte sich „Führer und Reichskanzler". Die Wehrmacht wurde auf Hitler vereidigt. Die Nationalsozialisten hatten so in wenigen Monaten eine Diktatur errichtet.

die Wehr·macht

ab 1935 Name der Reichswehr

vereidigt werden

Gehorsam schwören

25 T4 **Der Führerstaat**

Die NSDAP wollte, dass Hitler alle Macht hatte. Aber es

gab nicht nur Befehle von Hitler an die Menschen: Viele

Menschen verschärften die Befehle sogar noch. Manche

machten eigene Vorschläge. Viele „kleine Führer" machten

30 bei der nationalsozialistischen Diktatur mit.

2 Wie baute Adolf Hitler die Diktatur aus? Kreuze an, was richtig ist (T1 bis T3).

☐ Alle Vereine und Verbände wurden aufgelöst.

☐ Beamte durften aus politischen und rassischen Gründen entlassen werden.

☐ Die Länder des Deutschen Reiches durften alles selber entscheiden.

☐ Die freien Gewerkschaften wurden verboten.

☐ Hitler ließ seine Konkurrenten erschießen.

☐ Hitler übernahm Hindenburgs Amt.

☐ Alle Soldaten mussten schwören, dass sie dem Parlament gehorchen.

3 Der Führerstaat – was ist das? Fülle aus (T1 bis T3).

| Reichskanzler | NSDAP | Führer | vereidigt | Willen |

Im Staat sollte alles dem „_____ des Führers" untergeordnet sein.

Es gab nur noch eine einzige Partei, die _____. Hitler nannte

sich nach Hindenburgs Tod „_____ und

_____". Die Wehrmacht wurde auf ihn _____.

4 Löse in deinem → Schülerbuch: Aufgabe B2 (Seite 17, Q1, Q3, Q4). Ordne zu.

Q1: Auflösung der Jugendverbände

Q3: freiwillige Anpassung

Q5: freiwilliger Austritt aus der SPD

Gleichschaltung

Selbstgleichschaltung

→ Seite 18/19 im Schülerbuch

Führerkult und Propaganda

👁 **1** Lies den Text. Achte besonders darauf, wie Hitler Propaganda machte.

T1 Hitler als Redner

Viele Menschen waren begeistert von Hitlers Reden. Hitler versprach, dass Deutschland wieder groß werden soll. Und er wollte die Arbeitslosigkeit beseitigen. Hitler sagte, dass
5 die Juden an allen Problemen schuld sind.

T2 Wer war Adolf Hitler?

Hitler wurde 1889 in Braunau (Österreich) geboren. Er verließ die Schule ohne Abschluss. Er wollte Maler werden. Hitler kämpfte freiwillig als Soldat im Ersten Weltkrieg.
10 Hitler gab den Politikern der Weimarer Republik die Schuld dafür, dass Deutschland den Ersten Weltkrieg verloren hatte. Deshalb versuchte er 1923, mit einem Putsch die Regierung von Bayern zu stürzen. Dafür kam Hitler ins Gefängnis. Dort schrieb er sein Buch „Mein Kampf", in dem
15 er seine politischen Vorstellungen erklärte. Nach der Haft wurde er der Chef der neuen Partei NSDAP. 1933 wurde er Reichskanzler. 1945 beging er Selbstmord.

der Putsch

ein gewaltsamer Aufstand

gegen die Regierung, um

selber zu regieren

stürzen

hier: jemandem mit Gewalt

die Macht wegnehmen

T3 Propaganda für den „Führer"

Die NSDAP machte viel Propaganda für Hitler und seine
20 Politik. Joseph Goebbels war als der Propagandaminister dafür verantwortlich. Auf Plakaten, Fotos und in Filmen sah es so aus, als ob alle Deutschen Hitler liebten. Die Reden von Goebbels und Hitler erreichten über das Radio viele Menschen. Auch die Zeitungen verbreiteten
25 diese Propaganda. Im NS-Staat gab es keine **Pressefreiheit** und keine **Meinungsfreiheit**.

die Propaganda

die Verbreitung von Ideen

und Meinungen, um die

Menschen politisch zu

beeinflussen

2 Wer war Adolf Hitler? Markiere in T2 und trage ein.

1889 _____

Erster Weltkrieg _____

1923 _____

1933 _____

1945 _____

3 Warum waren die Menschen von Hitler begeistert? Fülle aus (T1, T2).

Weimarer Republik	groß	Juden	Arbeitslosigkeit

Hitler versprach, dass Deutschland wieder _____ wird. Er wollte

die _____ beseitigen. Er gab den _____

die Schuld an den Problemen. Und er gab den Politikern der _____

_____ die Schuld an der Niederlage im Ersten Weltkrieg.

4 Löse in deinem → Schülerbuch: Aufgabe A2 (Seite 19, T1 bis T3).
Welche Propagandamittel nutzten die Nationalsozialisten? Liste auf.

– _____

– _____

– _____

– _____

– _____

– _____

→ Seite 22/23 im Schülerbuch

Ziele und Ideen der NSDAP

👁 **1** **Lies den Text. Achte besonders darauf, welches Menschenbild die Nationalsozialisten hatten.**

T1 Rassenlehre

Die Nationalsozialisten glaubten, dass es unterschiedliche **Rassen** bei den Menschen gibt. Sie glaubten, dass die beste Rasse die Arier sind. Juden, Slawen sowie Sinti
5 und Roma waren für die Nationalsozialisten schlechte Rassen. Außerdem galten Menschen mit Behinderungen und Homosexuelle als „minderwertig".

der Arier
große, blonde Menschen mit blauen Augen, die tapfer und heldenhaft sind; nach Ansicht der Nazis die meisten Deutschen

T2 „Lebensraum"

Die Nationalsozialisten fanden, dass die Arier über alle
10 anderen Völker herrschen sollten. Deshalb wollten sie mehr „Lebensraum" für das deutsche Volk erobern. Diesen „Lebensraum" wollten sie im Osten erobern. Die Menschen, die dort lebten, wollten sie zu Sklaven machen.

T3 Mythos „Volksgemeinschaft"

15 Die Nationalsozialisten wollten, dass alle Deutschen für die Gemeinschaft arbeiten. Kein Deutscher sollte nur an sich selber denken. Die Nationalsozialisten versuchten, diese „Volksgemeinschaft" zu stärken. Deshalb bot die NS-Organisation „Kraft durch Freude" (KdF) vielen Familien
20 Ferienfahrten an. Das „Winterhilfswerk" sammelte Geld für Arme.

der Mythos
hier: eine Idee, die nicht stimmt

T4 Die Kehrseite der „Volksgemeinschaft"

Die Nationalsozialisten wollten einen Krieg beginnen. Deshalb wollten sie die Menschen kontrollieren.
25 Die Menschen sollten bereit sein, sich für die „Volksgemeinschaft" zu opfern.

die Kehr·seite
Eine Sache, die gut ist, hat oft auch einen Nachteil, eine Kehrseite.

Für die Nationalsozialisten gehörten nur Arier

zur „Volksgemeinschaft". Deshalb schlossen die

Nationalsozialisten alle anderen Menschen aus der

30 „Volksgemeinschaft" aus.

2 **Was sind die Grundideen der Nationalsozialisten?**
Markiere im Text und ordne zu (T1 bis T3).

„Es gibt verschiedene Rassen. Die Arier
sind die beste Rasse."

der „Lebensraum"

„Die Deutschen brauchen mehr Platz.
Sie sollen über andere Völker herrschen."

die „Volksgemeinschaft"

„Alle sollen für die Gemeinschaft
arbeiten, nicht für sich selbst."

die Rassenlehre

3 **Was planten die Nationalsozialisten? Trage ein (T4).**

| „Volksgemeinschaft" | Krieg | kontrollieren | Arier |

Die Nationalsozialisten wollten einen _____ beginnen.

Deshalb wollten sie die Menschen _____. Die Menschen

sollten bereit sein, sich für die _____ zu opfern.

Nur _____ durften dabei sein.

4 **Löse in deinem → Schülerbuch: Aufgabe 3 (Seite 23, Q3).**
Was denken die Menschen auf den Fotos? Nutze die Wörter.

gedemütigt	nichts Böses wollen	sich mit
verliebt	nicht besser verdient	Zwangsarbeitern
die Schande	haben	abgeben
nicht mehr aus dem	selber schuld sein	die Strafe ist zu hart
Haus gehen können	der Volksgemeinschaft	die Strafe ist gerecht
(nicht) leidtun	schaden	die Strafe ist zu mild

Die Frau denkt vielleicht: „...

                                                          "

→ Seite 34/35 im Schülerbuch

Der Weg in den Krieg

1 Lies den Text. Achte besonders darauf, wie die NS-Regierung mit anderen Ländern umging.

T1 Wiederherstellung alter Größe

Die NS-Regierung wollte, dass der Versailler Vertrag zurückgenommen wird. Sie wollten wieder eine starke Armee und viele Waffen haben. Viele Deutsche fanden das

5 gut. Für sie war der Versailler Vertrag eine Demütigung. Hitler wollte diese Ziele durch Krieg erreichen.

der Versailler Vertrag
der Friedensvertrag nach dem Ersten Weltkrieg

die Demütigung
eine Kränkung; wenn etwas peinlich für jemanden ist

T2 Die Friedenspolitik scheitert

1938 forderte Hitler, dass das Sudetenland wieder zum Deutschen Reich gehören soll. Er drohte mit einem Krieg.

10 Großbritannien gab nach, weil es einen Krieg vermeiden wollte (Appeasement-Politik). Großbritannien und Frankreich hofften, dass sie Hitler durch Zugeständnisse beruhigen konnten. Doch im März 1939 marschierten deutsche Truppen in der Tschechoslowakei ein.

15 Großbritannien und Frankreich ahnten, dass Hitler weitere Länder angreifen wollte. Deshalb versprachen sie, Polen bei einem deutschen Angriff zu helfen.

Am 1. September 1939 überfiel die deutsche Wehrmacht Polen. Damit begann der Zweite Weltkrieg.

das Sudeten·land
ein Gebiet an der tschechisch-deutschen Grenze, in dem früher viele Deutsche lebten

die Appeasement-Politik
Großbritannien und Frankreich wehrten sich nicht, um einen Krieg zu verhindern.

das Zugeständnis
tun, was der andere will

2 Was waren die Ziele der NS-Außenpolitik? Ordne zu.

Die NS-Regierung wollte, dass der Versailler Vertrag zurückgenommen wird,	um ihre Ziele durch Krieg zu erreichen.
Viele Deutsche waren gegen den Versailler Vertrag,	um Deutschland wieder groß zu machen.
Die Regierung wollte aufrüsten,	weil sie ihn als Demütigung empfanden.

3 Warum scheiterte die Friedenspolitik? Fülle aus (T2, D1).

Österreich protestiert   niemand unternimmt etwas

Großbritannien und Frankreich erklären Deutschland den Krieg

Großbritannien und Frankreich wollen Polen unterstützen

Großbritannien und Frankreich stimmen zu

1935 bis 1936	Deutschland verstößt gegen den Versailler Vertrag.	
März 1938	Deutschland marschiert in Österreich ein. Österreich wird Teil des Deutschen Reiches.	
September 1938	Hitler fordert, dass das Sudetenland zu Deutschland gehören soll.	
März 1939	Deutschland marschiert in der Tschechoslowakei ein.	
September 1939	Deutschland überfällt Polen.	

4 Löse in deinem → Schülerband: Aufgabe 4 (Seite 35, T2, D1).
Ergänze die Sätze. Nutze die Wörter.

Zugeständnisse machen	beruhigen	nicht stoppen
Unterstützung anbieten	einmarschieren	

Großbritannien hoffte, dass ...   .

Deshalb ...   .

Aber Hitler ...   .

Nun ...   für Polen.

Doch ...   .

Krieg in Europa – Völkervernichtung

👁 **1** **Lies den Text. Achte besonders darauf, wie die Deutschen den Krieg führten.**

T1 „Blitzkriege" in Europa

Der Krieg in Polen dauerte nur wenige Wochen.
Großbritannien und Frankreich erklärten Deutschland
wegen des Angriffs auf Polen den Krieg. Aber sie griffen
5 nicht an.

Im September 1939 marschierten auch sowjetische Soldaten
in Polen ein. Deutschland und die Sowjetunion teilten
sich Polen auf. Das hatten sie so im **Hitler-Stalin-Pakt**
(→Schülerbuch, Seite 34: D1) vereinbart.

10 Im Mai 1940 begannen die Deutschen ihren „Westfeldzug"
in Europa. 1941 hatten sie viele Länder Europas besetzt.
Nur Großbritannien wehrte sich erfolgreich gegen die
Deutschen.

T2 Vernichtungskrieg im Osten

15 Am 22. Juni 1941 griffen die Deutschen die Sowjetunion
an. Dadurch brach die deutsche Regierung den
Nichtangriffspakt mit der Sowjetunion. In der
Sowjetunion ermordeten die SS und die Wehrmacht
Millionen von Menschen, auch solche, die keine Soldaten
20 waren. Hitler wollte nämlich das Land ausbeuten und die
Bevölkerung vernichten. Dabei starben in der Sowjetunion
mehr als 20 Millionen Menschen.

der „Blitz·krieg"
militärisches Wort für
einen schnellen Krieg

ein Land besetzen
ein Land mit Gewalt unter
Kontrolle bringen

der Nicht·angriffs·pakt
ein Vertrag zwischen
zwei Ländern, nicht
gegeneinander Krieg zu
führen
die SS
„Schutzstaffel"; Kampftruppe
innerhalb der NSDAP

T3 Die „Einsatzgruppen"

Zu Beginn des Krieges gründete die NSDAP eine neue

25 Behörde, das Reichssicherheits-Hauptamt (RSHA). Diese

Behörde lenkte den Terror in Deutschland und in den

überfallenen Ländern. Die „Einsatzgruppen" des RSHA

töteten in Polen und in der Sowjetunion viele Menschen,

vor allem aus der Führungsschicht. Die „Einsatzgruppen"

30 folgten der Wehrmacht und ermordeten Juden, Sinti

und Roma, Kriegsgefangene und Kommunisten. Die

„Einsatzgruppen" bestanden aus Polizisten, SS-Angehörigen

und Freiwilligen aus den besetzten Ländern.

die Behörde

eine Einrichtung, die

Aufgaben für den Staat

ausführt

die Führungs·schicht

Menschen, die in einem

Staat Einfluss haben

2 Wer führte Krieg gegen wen? Fülle aus (T1).

Großbritannien	Polen	„Westfeldzug"	viele Länder Europas

1939 griff Deutschland _____ an. 1940 begann

Deutschland den _____ . Die Deutschen

besetzten _____ .

Nur _____ konnte sich wehren.

3 Löse in deinem → Schülerbuch: Aufgabe A3 (Seite 37, T1, T2).
Wie unterschied sich der Krieg im Westen vom Krieg im Osten? Formuliere.

erobern	ausbeuten	vernichten	beherrschen

Hitler wollte die westlichen Länder _____ und

_____ .

Hitler wollte die östlichen Länder _____ und

die Bevölkerung _____ .

Holocaust – Shoah

1 Lies den Text. Achte besonders darauf, wie die Nationalsozialisten vorgingen.

T1 „Endlösung der Judenfrage"

Die Nationalsozialisten ermordeten 6 Millionen jüdische Menschen. Allein die „Einsatzgruppen" ermordeten im Osten 2 Millionen jüdische Menschen. Die „Einsatzgruppen"

5 und ihre Helfer trieben die jüdische Bevölkerung zusammen. Dann erschossen sie die Juden oder töteten sie mit Gas.

Seit Herbst 1941 **deportierten** die Nationalsozialisten die Juden aus dem Deutschen Reich und den besetzten

10 Gebieten. Sie brachten die Juden in **Vernichtungslager** in den eroberten Ostgebieten, zum Beispiel nach Auschwitz.

Die Nationalsozialisten wollten aber alle Juden in Europa vernichten. Deshalb trafen sie sich 1942 auf der „**Wannsee-**

15 **Konferenz**". Dort organisierten sie den Mord an den Juden. Die Nationalsozialisten nannten das die „Endlösung der Judenfrage".

T2 „Todesfabriken"

Die jüdischen Menschen wurden in Güterwagons in die

20 Vernichtungslager transportiert. Dort teilten Ärzte und Wachleute die Menschen in zwei Gruppen ein: Personen, die noch arbeiten sollten, und Menschen, die direkt getötet wurden.

Frauen, Kinder und alte Menschen wurden meistens sofort

25 getötet. Die anderen Personen mussten arbeiten, bis sie nicht mehr konnten. Die meisten von ihnen starben an Hunger, Krankheiten, Misshandlungen und Folter.

---

die „Endlösung der Judenfrage"
nationalsozialistischer Begriff für die Vernichtung der europäischen Juden

deportieren
jemanden unter Zwang an einen anderen Ort bringen

die Konferenz
ein Treffen, auf dem Dinge besprochen, geplant und beschlossen werden

der Güter·wagon
Eisenbahnwagen, in denen Waren oder Tiere transportiert werden

2 Ordne die Begriffe richtig zu (T1, T2).

| die „Einsatzgruppen" | die „Wannsee–Konferenz" | die „Endlösung der Judenfrage" |

_____ :

Das ist der nationalsozialistische Begriff für die Ermordung aller Juden in Europa.

_____ :

So hießen Gruppen aus Polizisten, SS-Angehörigen und Freiwilligen, die Juden, Sinti und

Roma, Kriegsgefangene und Kommunisten ermordeten.

_____ :

Auf diesem Treffen beschlossen die Nationalsozialisten die Ermordung aller Juden

in Europa.

3 Beschreibe, wo sich die Vernichtungslager befanden (T1, D1). Der Satzanfang hilft dir.

Die Vernichtungslager befanden sich …

4 Löse in deinem → Schülerbuch: Aufgabe 4 (Seite 39, T1, T2, Q2).
Nutze die Wörter.

zuerst	danach	deportiert
in Gruppen eingeteilt	zu einer Gruppe gehören	sofort getötet werden
nach dem Foto	wahrscheinlich	

Zuerst wurden die Menschen …

→ Seite 58/59 im Schülerbuch

Niederlage oder Befreiung?

1 Lies den Text. Achte besonders auf die unterschiedlichen Argumente.

T1 Ende des Krieges

Im Juni 1944 landeten **alliierte Truppen** im besetzten
Frankreich. Gleichzeitig rückte die Rote Armee im Osten
immer weiter vor. Daher riefen die Nationalsozialisten

5 den „Endkampf" aus und schickten alle Männer in den
Kampf. Aber es half nichts mehr. Deshalb **kapitulierte** die
Wehrmacht am 8. und 9. Mai 1945. Damit war der Krieg in
Europa zu Ende. Viele Deutsche waren erleichtert, dass der
Krieg vorbei war. Doch wie sollten sie nun überleben?

10 In Deutschland regierten nun die vier Siegermächte: die
USA, Großbritannien, Frankreich und die Sowjetunion.

T2 Das Kriegsende: eine Niederlage?

Viele Menschen wussten, dass die Wehrmacht im Osten
einen Vernichtungskrieg geführt hatte. Sie hatten jetzt

15 Angst vor der Rache. Viele flohen vor der Roten Armee.
Millionen deutscher Soldaten waren in der Sowjetunion
gefangen.
Viele Menschen hatten an Hitler und seine Politik geglaubt.
Sie empfanden den 8. Mai als Tag der Niederlage.

20 **T3 Das Kriegsende: eine Befreiung**

Die Opfer des Nationalsozialismus empfanden ganz anders.
Die Alliierten befreiten sie aus den Konzentrations- und
Vernichtungslagern. Die **Zwangsarbeiterinnen** und
Zwangsarbeiter wurden auch endlich befreit.

25 40 Jahre nach dem Kriegsende übernahm die
Bundesrepublik Deutschland diese Sichtweise: Deutschland

die alliierten Truppen
die Kriegsgegner
Deutschlands, hier:
Großbritannien und die USA

der „End·kampf"
nationalsozialistischer Begriff
für die letzten Kämpfe gegen
die alliierten Truppen

kapitulieren
aufgeben, einen Krieg ohne
Bedingungen beenden

die Nieder·lage
einen Krieg oder Kampf
verloren haben

die Zwangs·arbeiterin,
der Zwangs·arbeiter
hier: Menschen, die
gezwungen werden,
ohne Lohn in Fabriken,
Bergwerken und auf
Bauernhöfen zu arbeiten.

wurde 1945 befreit. Ein deutscher Bundespräsident, Richard

von Weizsäcker, sagte das 1985 in einer Rede.

2 Was passierte am Ende des Krieges? Ordne (T1 bis T3).

☐ Die Rote Armee rückte vor.

☐ Millionen deutscher Soldaten waren in der Sowjetunion gefangen.

☐ Die USA, Großbritannien, Frankreich und die Sowjetunion besetzten Deutschland.

1 Die alliierten Truppen landeten in Frankreich.

☐ Die Deutschen wussten nicht, wie sie überleben sollten.

☐ Viele Deutsche flohen vor der Roten Armee.

☐ Die Alliierten befreiten viele Menschen aus den Lagern.

☐ Die Wehrmacht kapitulierte.

☐ Die Zwangsarbeiterinnen und Zwangsarbeiter wurden befreit.

☐ Die Nationalsozialisten riefen den „Endkampf" aus.

3 Löse in deinem → Schülerbuch: Aufgabe 3 (Seite 59, T2, T3).
Das Kriegsende: Niederlage oder Befreiung? Trage ein und ordne zu.

| viele Deutsche | hatten an Hitlers Politik geglaubt | wurden befreit |

| Menschen in den Konzentrations- und Vernichtungslagern | Zwangsarbeiter |

	Niederlage	Befreiung
Für wen?		
Warum?		

1945	1945/46
Potsdamer Konferenz der drei Siegermächte	Nürnberger Kriegsverbrecher-prozess

Deutschland nach dem Krieg

👄 **1** Sprich über das Bild. Nutze die Wörter.

der (Hand-)Karren	der Koffer, die Koffer	das Kamerateam
der Kinderwagen	der Treck	die Flucht
der Flüchtling, -e	das Kopftuch, die Kopftücher	tragen
ziehen	schieben	traurig
ängstlich	müde	hungrig

2 Wähle auf dem Bild zwei Personen aus. Beschreibe die Darsteller. Nutze die Wörter.

viel Gepäck	tragen/schleppen	unglückliche Gesichter
schwer	auf den Boden blicken	gehen
wandern	der Treck	

3 Wie könnte ein Filmtitel heißen? Formuliere. Nutze die Wörter aus Aufgabe 1.

_____

_____

_____

4 Was könnten die zwei Personen aus Aufgabe 2 über ihre Zukunft denken?
Formuliere. Nutze die Wörter.

Wie lange werden wir noch gehen müssen?	Wo soll ich nur mit meinem Kind hin?
Wann werden wir …?	Wo werden wir …?

→ Seite 72/73 im Schülerbuch

Entnazifizierung und Entmilitarisierung

👁 **1** Lies den Text. Achte besonders darauf, was die Alliierten taten.

T1 Die Nürnberger Prozesse

Die Siegermächte stellten die mächtigsten NS-Politiker in Nürnberg vor Gericht. Die Anklage lautete: Verbrechen gegen den Frieden, Kriegsverbrechen und Verbrechen

5 gegen die Menschlichkeit. 12 Angeklagte wurden zum Tode verurteilt. 3 Angeklagte mussten für ihr ganzes Leben ins Gefängnis. 4 Angeklagte mussten für viele Jahre ins Gefängnis. 3 Angeklagte wurden freigesprochen. Danach wurden noch viele Nationalsozialisten vor Gericht gestellt.

10 Außerdem wollten die Siegermächte alle Nationalsozialisten aus den Ämtern und Behörden entfernen.

der Angeklagte
jemand, der für ein
Verbrechen vor Gericht steht

T2 Entnazifizierung in der SBZ

In der sowjetischen Besatzungszone (SBZ) verloren 390 000 NSDAP-Mitglieder ihre Arbeit. Die

15 sowjetischen Besatzer bildeten neue Beamte in Schnellkursen aus. Sie sperrten Nationalsozialisten und politische Gegner in Lager. 123 000 Menschen kamen in diese Lager. 43 000 von ihnen starben dort.

die Ent·nazi·fizierung
die Entfernung aller
Nationalsozialisten aus
Ämtern und wichtigen
Berufen
der Beamte
jemand, der für den Staat
arbeitet

20 T3 Entnazifizierung in den Westzonen

In den westlichen Besatzungszonen urteilten NS-Gegner über die 6 Millionen NS-Mitglieder. Aber viele Täter fälschten ihre Aussagen. Dann bekamen sie nur eine geringe Strafe.

25 Viele Beamte wurden bald wieder eingestellt, weil zum Wiederaufbau des Landes viele Menschen nötig waren.

2 Richtig oder falsch? Kreuze an (T1).

Die Siegermächte stellten alle Deutschen vor Gericht. ▨ richtig ▨ falsch

Viele Menschen wurden zum Tod oder zu

Gefängnisstrafen verurteilt. ▨ richtig ▨ falsch

Die Siegermächte ließen alle Nationalsozialisten

in ihren Ämtern. ▨ richtig ▨ falsch

3 Wie gingen die sowjetischen Besatzer bei der Entnazifizierung vor? Fülle aus (T2).

politische Gegner   ausgebildet   starben   entlassen

ehemalige Nationalsozialisten

390 000 Nationalsozialisten wurden _____. Neue Beamte

wurden in Schnellkursen _____. Die sowjetischen

Besatzer sperrten _____ und

_____ in Lager. 43 000 Menschen _____ dort.

4 Löse in deinem → Schülerbuch: Aufgabe A4 (Seite 73, Q3, T3).
Warum war die Entnazifizierung so schwierig? Formuliere.

| sich herausreden wollen | behaupten | lügen |
| nichts getan | gezwungen werden | die Wahrheit herauszufinden |

Die Angeklagten ... _____.

Sie ... _____.

_____

_____

Das machte es sehr schwierig, ... _____.

→ Seite 78/79 im Schülerbuch

Aus Verbündeten werden Gegner

👁 **1** **Lies den Text. Achte besonders darauf, was die USA und die UdSSR wollten.**

T1 Zwei gegensätzliche Systeme

Die Sieger wollten Deutschland für lange Zeit besetzen. Es
gab 4 **Besatzungszonen**: eine britische, eine französische,
eine amerikanische und eine sowjetische Besatzungszone.

5 Die Alliierten wollten gemeinsam die Politik in Deutschland
bestimmen. Dazu gründeten sie den **Alliierten Kontrollrat**.
Viele Menschen zweifelten, ob das gelingen kann. Die
Alliierten hatten zwar gemeinsam Hitler besiegt. Aber
es gab weiterhin große Unterschiede. Die USA waren

10 **kapitalistisch** und die Sowjetunion war **kommunistisch**.
Deshalb gab es zwischen ihnen einen Konflikt.

ein Land besetzen

ein Land unter Kontrolle haben

kapitalistisch
den Unternehmern gehören die Fabriken, sie machen damit Gewinn

kommunistisch
eine ideale Gesellschaftsform, in der alles allen gehört

T2 Weltmacht USA

Die USA hatten eine riesige Rüstungsindustrie. Deshalb
waren die USA 1945 die stärkste militärische Macht. Sie
15 hatten auch Atombomben.
Die Industrie in vielen Ländern war durch den Krieg
zerstört worden. Deshalb waren die USA auch die stärkste
wirtschaftliche Macht. Fast 60 Prozent aller Waren kamen
aus den USA.
20 Die USA wollten ihre Vorstellungen von freiem Handel,
Demokratie und Menschenrechten in der ganzen Welt
durchsetzen.

die Rüstungs·industrie
viele Fabriken in einem Land, die Waffen herstellen

T3 Weltmacht UdSSR

Die deutsche Wehrmacht hatte sehr viele Fabriken,
25 Bahnlinien und Brücken in der Sowjetunion zerstört. Die
Deutschen hatten mehr als 20 Millionen Menschen getötet.

Dadurch war die Sowjetunion geschwächt. Stalin hatte Angst, dass die kapitalistischen Länder diese Schwäche ausnutzen. Deshalb sollten die Staaten in Osteuropa

30 sozialistisch werden. Dadurch entstand ein Schutz gegen den Westen.

sozialistisch

eine Gesellschaftsform, in

der alle Menschen gleich

behandelt werden sollen

und alles allen gehören soll

2 **Wie war die Situation 1945 in Deutschland? Streiche die falschen Satzteile durch (T1).**

Deutschland war *frei / besetzt / geteilt*.

Es gab *3 / 4 / 5* Besatzungszonen.

Der *Alliierte Kontrollrat / die deutsche Regierung / die USA und die Sowjetunion* bestimmten gemeinsam die *Wirtschaftspolitik / Deutschlandpolitik / Weltpolitik*.

3 **Aus Verbündeten werden Gegner: Ordne zu (T2, T3).**

sozialistisch	kapitalistisch	stärkste Militärmacht
Demokratie und Freiheit	große Zerstörungen	stärkste Wirtschaftsmacht
20 Millionen Tote	geschwächt	freier Handel	Sozialismus in Osteuropa

USA	UdSSR

4 **Löse in deinem → Schülerbuch: Aufgabe A4 (Seite 79, T1 bis T3, D1).**
Woran merkst du, dass die Verbündeten zu Gegnern wurden?
Sprich mit deinem Nachbarn/deiner Nachbarin.

während des Krieges	gemeinsam	die Gefahr
gegen Hitler	nach dem Krieg	die gleichen Interessen
die unterschiedlichen Interessen		

→ Seite 80/81 im Schülerbuch

Aufbau nach sowjetischem Vorbild

👁 **1** Lies den Text. Achte besonders darauf, was anders war als vor dem Krieg.

T1 Vorbild Sowjetunion

Die Sowjetunion schickte kommunistische Politiker nach
Deutschland. Die Politiker sollten ein **sozialistisches**
Deutschland aufbauen. Deshalb gründeten sie die
5 kommunistische Partei (KPD) neu. In der sowjetischen
Besatzungszone (SBZ) gab es auch die Parteien SPD, CDU
und die liberale Partei (LDP).

sozialistisch
eine Gesellschaftsform, in
der alle Menschen gleich
behandelt werden sollen und
in der alles allen gehören
soll; hier: eine Vorstufe zum
Kommunismus

T2 Gesellschaft und Wirtschaft

Viele große Firmen und Unternehmen hatten Hitler
10 geholfen, seinen Krieg zu führen. Deshalb beschlossen die
Alliierten, dass große Unternehmen weniger Macht haben
sollten.

Die sowjetischen Behörden **enteigneten** fast alle
Großunternehmer in ihrer Besatzungszone. Diese
15 Betriebe wurden zu **volkseigenen Betrieben** (VEB). Die
sowjetischen Behörden enteigneten auch die Besitzer
von viel Land (Großgrundbesitzer). Dieses Land wurde an
Kleinbauern und Flüchtlinge verteilt oder gehörte nun
dem Staat. Außerdem baute die Sowjetunion Gleise und
20 Fabriken ab und in der Sowjetunion wieder auf. Deshalb
dauerte es lange, bis die Wirtschaft wieder funktionierte. So
veränderte die Sowjetunion die Gesellschaft in der SBZ.

ent·eignen
die Besitzer müssen ihr Land
oder ihren Betrieb dem Staat
übergeben
der volks·eigene Betrieb
(VEB)
der Betrieb gehört dem
Staat

T3 Der Weg in die Diktatur

Die KPD setzte die Veränderung der Gesellschaft mit Gewalt
25 durch. Sie war aber nicht die stärkste Partei. Deshalb bildete
die KPD zusammen mit der SPD eine neue Partei, die **SED**
(die Sozialistische Einheitspartei Deutschlands).

Die SED bestimmte nun alles. Die anderen Parteien hatten

keine Macht mehr. Die SBZ wurde zu einer Diktatur, die

30 von der Sowjetunion gelenkt wurde. Deshalb flohen viele

Menschen in die Westzonen.

2 Wie wurden die Gesellschaft und die Wirtschaft verändert? Verbinde (T1, T2).

Die Alliierten wollten,	Flüchtlinge und Kleinbauern verteilt.
Die Unternehmer hatten	enteigneten fast alle Großunternehmer und Großgrundbesitzer.
Die sowjetischen Behörden	Hitler geholfen, den Krieg zu führen.
Die Betriebe wurden	dass die Unternehmen weniger Macht haben.
Das Land wurde an	zu volkseigenen Betrieben (VEB).

3 Wie war der Staat DDR aufgebaut? Beschrifte die Pfeile (T1, T3, Q2).

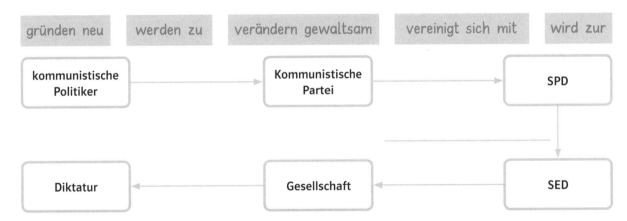

gründen neu werden zu verändern gewaltsam vereinigt sich mit wird zur

kommunistische Politiker → Kommunistische Partei → SPD

Diktatur ← Gesellschaft ← SED

4 Löse in deinem → Schülerbuch: Aufgabe A5 (Seite 81, T3, Q4). Nutze die Wörter.

die Gruppe Ulbricht	der Polizeichef	die sowjetische Besatzungszone
der Bürgermeister	antifaschistisch	es muss demokratisch aussehen
alles in der Hand haben	zuverlässig	die Bezirksverwaltungen

→ Seite 82/83 im Schülerbuch

Aufbau nach westlichem Vorbild

👁 **1 Lies den Text. Achte besonders darauf, was anders war als vor dem Krieg.**

T1 Rückgabe von Grundrechten

Die West-Alliierten wollten, dass Deutschland wieder ein freiheitlicher Staat wird. Deshalb durfte die Presse frei berichten. Die West-Alliierten planten eine demokratische
5 Erziehung und Bildung für alle Deutschen. Unbelastete Deutsche sollten das Land wieder aufbauen.

T2 Politischer Neubeginn

Ab Sommer 1945 durften in den Westzonen wieder Parteien gegründet werden. Das war zum Beispiel die **SPD**. Die **CDU**
10 vertrat bürgerliche und christliche Interessen, die **FDP** trat für liberale Ideen ein. Die **KPD** war auch in den Westzonen aktiv.

T3 Gründung der Bundesländer

Die Alliierten wollten keinen starken Staat. Die Macht
15 in Deutschland sollte verteilt sein. Deshalb wurden die Bundesländer gegründet. Niedersachsen entstand aus den Ländern Hannover, Braunschweig, Oldenburg und Schaumburg-Lippe.

T4 Wirtschaftshilfe für die Westzonen

20 Die USA unterstützten die Deutschen mit Lebensmitteln und Medikamenten. Außenminister Marshall entwickelte 1947 einen Plan (**Marshall-Plan**) zum wirtschaftlichen Aufbau Westeuropas. Damit wollten die USA verhindern, dass sich der Kommunismus ausbreitet.
25 Dank des Marshall-Plans wuchs die Wirtschaft in Deutschland wieder.

---

unbelastet
hier: Menschen, die nicht zur NSDAP oder einer anderen Organisation der Nationalsozialisten gehört hatten

liberal
freiheitlich

der Marshall-Plan
der amerikanische Plan, um die Wirtschaft in den europäischen Ländern wieder aufzubauen

2 Was ist richtig? Kreuze an (T1 bis T4).

Die West-Alliierten ☐ verhinderten demokratische Bildung.

☐ ließen Parteigründungen zu.

☐ wollten einen Zentralstaat.

Die SPD vertrat ☐ liberale Ideen.

☐ christliche Ideen.

☐ sozialdemokratische Ideen.

Die USA ☐ enteigneten die Unternehmer.

☐ planten den wirtschaftlichen Wiederaufbau West-Europas.

☐ wollten den Kommunismus verbreiten.

3 Wie wurde die Wirtschaft wieder aufgebaut? Fülle aus (T4, D1).

so dass	damit	dass	weil

Die USA halfen den Deutschen, _____ sie nicht mehr hungern mussten.

Die USA liehen den europäischen Staaten Geld, _____ diese amerikanische

Waren kaufen konnten. Die USA halfen auch, _____ sie hofften, _____

sich der Kommunismus nicht verbreiten kann.

4 Löse in deinem → Schülerbuch: Aufgabe 5 (Seite 83, T4, D1, Schon gewusst?).
Warum richteten die Amerikaner die Luftbrücke ein? Nutze die Wörter.

wollten keinen Konflikt mit den Russen	den Deutschen helfen
sich beliebt machen	der Kommunismus
sich ausbreiten	

Die Amerikaner richteten eine Luftbrücke ein, weil ...

Sie wollten ...

und ...

So wollten sie verhindern, dass ...

Die Welt
im Kalten Krieg

ab 1946
Im sowjetischen Machtbereich werden sozialistische Staaten gegründet.

1950
Der Koreakrieg beginnt.

👄 **1** Sprich über das Bild. Nutze die Wörter.

der Mond	die Mondoberfläche	das Gestein
der Astronaut, -en	der Raumanzug, Raumanzüge	der Helm, -e
das Messgerät, -e	die Kamera, -s	

1969
Mit der Mondlandung gewinnen die USA den „Wettlauf" zum Mond.

1962
Kubakrise: Ein Atomkrieg der Supermächte droht.

1989
Mit der Öffnung des „Eisernen Vorhangs" beginnt das Ende des Ost-West-Konflikts.

1991
Die Sowjetunion und der Warschauer Pakt brechen zusammen.

2 **Beschreibe die Kleidung und die Geräte der Astronauten.**
Nutze auch die Wörter aus Aufgabe 1.

weiß	silber	rot	verspiegelt
dick gepolstert	die Tasche	der Handschuh	die dicke Schuhsohle
der Schlauch	das Gestell	der Aufnäher	

3 **Was weißt du über die Mondlandung?**

Ich habe gehört, dass …	Im Fernsehen habe ich gesehen, dass …
Ich glaube, …	

4 **Was könnte die Mondlandung mit diesem Kapitel zu tun haben?**
Sieh dir die Zeitleiste auf dieser Seite an. Sprich mit deinem Partner/deiner Partnerin.

5 **Was würdest du die Astronauten fragen?**

Es würde mich interessieren, was/ob/warum …	Können Sie mir sagen …?
Ich würde gerne wissen …	

Die Spaltung Europas und der Welt

👁 **1** Lies den Text. Achte besonders darauf, wie die Politik die Welt spaltete.

T1 Osteuropa wird kommunistisch

Die sowjetischen Soldaten hatten die Länder Osteuropas
von der deutschen Wehrmacht befreit. Doch dann zog
der sowjetische Diktator Stalin die Soldaten nicht zurück.
5 Stattdessen sorgten die sowjetischen Soldaten dafür, dass
überall kommunistische Parteien an die Macht kamen.
Deshalb gab es in Osteuropa keine Demokratien, sondern
nur Diktaturen wie in der Sowjetunion.

T2 Die Antwort der Westmächte

10 Die Menschen in Westeuropa fürchteten, dass die
Sowjetunion ihre Macht auch im Westen ausüben will.
Deshalb unterstützten die USA Westeuropa gegen
die Sowjetunion. US-Präsident Truman wollte den
Kommunismus nicht nur in Europa, sondern weltweit
15 eindämmen.

kommunistisch
eine ideale
Gesellschaftsform, in der
alles allen gehört

eindämmen
stoppen, begrenzen

T3 Zwei feindliche Militärblöcke

1949 gründeten die USA, Kanada und andere
westeuropäische Staaten die **NATO**.
Als Antwort darauf gründete die Sowjetunion mit den
20 osteuropäischen Staaten 1955 den **Warschauer Pakt**.

die NATO
das westliche
Verteidigungsbündnis

der Warschauer Pakt
das Verteidigungsbündnis
der Ostblock-Staaten

T4 Die „Guten" und die „Bösen"

Ost und West machten viel Propaganda. Sie stellten das
jeweils andere System als aggressiv und gefährlich dar.
Der Westen behauptete, dass die Kommunisten ihr System
25 gegen die Freiheit durchsetzen wollen. Der Osten stellte
den Westen als kapitalistische Ausbeuter dar.

kapitalistisch
die Firmen und Fabriken
gehören Privatleuten, nicht
dem Staat

2 Warum spaltete sich die Welt in Ost und West? Trage ein (T1, T2).

Truman	sowjetischen	USA	befreit	kommunistische

Sowjetunion	Kommunismus	Westeuropa	Besatzer	sowjetischen Soldaten

Die _____ Truppen hatten die osteuropäischen Länder _____.

Sie blieben als _____. Die _____ _____

sorgten dafür, dass überall _____ Parteien an die Regierung kamen.

Die Menschen in _____ fürchteten, dass die _____

ihre Macht auch im Westen ausüben wollte. Die _____ unterstützten Westeuropa.

US-Präsident _____ wollte den _____

weltweit eindämmen.

3 Ordne die Begriffe zu (T1 bis T4).

NATO	Warschauer Pakt	Truman	Stalin	USA	Sowjetunion

Kommunismus eindämmen	Kommunismus verbreiten

West	Ost

4 Löse in deinem → Schülerbuch: Aufgabe 3 (Seite 91, T3, Q1, D1 auf Seite 95).
Warum heißt der Konflikt „Ost-West-Konflikt"?

| Ostdeutschland (DDR) | Westdeutschland (BRD) | kommunistische Staaten |
| Osten | kapitalistische Staaten | Westen |

östlicher Machtbereich: _____

westlicher Machtbereich: _____

Der Konflikt heißt Ost–West–Konflikt, weil ... _____

_____

Krisen im Ostblock

👁 **1** **Lies den Text. Achte besonders darauf, warum die Menschen unzufrieden waren.**

T1 Unzufriedenheit im Ostblock

Die Sowjetunion erlaubte den Ländern im Ostblock nur eine

Form der Regierung: die **Parteidiktatur**. Doch in einigen

Ländern wehrten sich die Menschen dagegen. Deshalb

5 schickte die Sowjetunion Panzer und Soldaten. Diese

schlugen die Aufstände nieder. Das passierte 1956 in Ungarn

und 1968 in der Tschechoslowakei. Doch die Menschen

versuchten, die Panzer aufzuhalten.

die Partei·diktatur

eine Regierungsform,

bei der eine Partei die

ganze Macht hat, hier: die

kommunistische Partei

✗ ✎ **2** **Lies den Text in deinem → Schülerbuch: Seite 94 (T2) und kreuze an, was richtig ist.**

Marek und Jakub sind	☐ Arbeiter.
	☐ Kapitalisten.
	☐ Verbrecher.

Marek und Jakub sehen, dass	☐ die Soldaten sie hassen.
	☐ die Soldaten nicht wissen, was sie tun sollen.
	☐ die Soldaten Angst haben.

Marek und Jakub wollen	☐ den Kapitalismus einführen.
	☐ auswandern.
	☐ den Sozialismus verbessern.

Der Parteiführer Breschnew	☐ hat Angst, dass er seine Macht verliert.
	☐ will den Sozialismus verbessern.
	☐ will seine Macht abgeben.

Wenn die Menschen in der Tschechoslowakei zeigen, dass der Sozialismus auch ein freundliches Gesicht haben kann,

☐ werden andere Länder auch ihr System verbessern.

☐ werden die Machthaber in der Sowjetunion aufgeben.

☐ wird Breschnew Moskau-treue Politiker an die Macht bringen.

3 **Womit waren die Menschen in der Tschechoslowakei unzufrieden?**
Kreuze an, was richtig ist (T1, → **Schülerbuch: Seite 94,** T2**).**

    Die Sowjetunion ließ nur eine Regierungsform zu: die Parteidiktatur.

    Die Parteipolitiker wollten den Menschen vorschreiben, was sie denken sollen.

    Es gab zu wenig zu essen.

    Die Sowjetunion wollte die Tschechoslowakei erobern.

    Die tschechischen Politiker machten, was die Parteiführer aus der Sowjetunion befahlen.

4 **Löse in deinem** → **Schülerbuch: Aufgabe A4 (Seite 95, Vorspann, Q3).**
Was waren die Unterschiede zwischen 1945 und 1968?
Formuliere. Nutze die Wörter.

befreien	die Nationalsozialisten	das Deutsche Reich
der Krieg	für die Menschen	unterdrücken
der Panzer	die Tschechoslowakei	gegen die Menschen

1945 kamen die sowjetischen Soldaten, um ...

Sie kämpften gegen ...

Sie beendeten ...

1968 kamen die Soldaten, um ...

Sie besetzten ...

Sie kämpften mit ...

gegen ...

→ Seite 96/97 im Schülerbuch

Kalter Krieg der Supermächte

1 Lies den Text. Achte besonders darauf, wie sich die USA und die UdSSR auseinandersetzten.

T1 Die Supermächte

Die USA und die Sowjetunion bauten Atombomben. Bald
hatten sie so starke Waffen, dass sie die ganze Menschheit
vernichten konnten. Aber keine Supermacht griff die andere
5 an. Sie wussten, dass sie dann selber vernichtet werden. Das
nennen wir das „Gleichgewicht des Schreckens": „Wer als
Erster schießt, stirbt als Zweiter".

das Gleich·gewicht

Beide Seiten sind gleich
stark.

T2 Der Wettlauf im All

1957 schossen die Sowjets den ersten Satelliten ins All.
10 Sie nannten ihn „Sputnik". Die Menschen im Westen
hatten gedacht, dass die Amerikaner stärker waren als
die Sowjets. Deshalb waren sie geschockt: Wenn die
Sowjets einen Satelliten ins All schicken können, dann
können ihre Atomraketen auch alle Ziele auf der Erde
15 erreichen. Deshalb begannen die USA, sehr viel Geld in
ein Weltraumprogramm zu stecken. Jetzt gab es einen
Wettlauf um das Weltall.

der Wett·lauf

hier: ein Kampf darum, wer
schneller und besser ist

der Satellit

ein technischer Flugkörper,
der um die Erde fliegt

das Welt·raum·programm

ein staatliches Projekt in
der Raumfahrt

T3 Heißer Krieg im Kalten Krieg

Die Sowjetunion hatte in Europa mehr Waffen, Soldaten
20 und Panzer als die USA. Die USA drohten aber, bei einem
Angriff alle ihre Waffen einzusetzen. Deshalb blieb es in
Europa bei dem „Kalten Krieg".
Die Supermächte mischten sich aber in „heiße" Kriege ein.
Sie unterstützten Gruppen in Bürgerkriegen, schickten
25 Waffen und Soldaten in Kriegsgebiete und ermordeten
Menschen.

2 Was passierte nach 1949? Sortiere (T1 bis T3).

| | Es gab ein „Gleichgewicht des Schreckens".

| | Die Sowjetunion schickte einen Satelliten ins All.

| 1 | Die Sowjetunion und die USA bauten Atombomben.

| | Die USA starteten ein Weltraumprogramm.

| | Ein Wettlauf um immer stärkere Waffen begann.

| | Ein Wettlauf um das All begann.

3 Wo wird der „Kalte Krieg" zu einem „heißen Krieg"? Ordne zu (T3).

| Europa | Bürgerkriege | USA |

| Kriegsgebiete | Ermordung von Menschen | UdSSR |

Kalter Krieg	„heißer Krieg"

4 Löse in deinem → Schülerbuch: Aufgabe A3 (Seite 97, T2, Q1, Q4). Nutze die Wörter.

stärker sein	besser sein	schneller sein	die Rakete
das All	die Atomrakete	jedes Ziel auf der Erde	der Mond

Wer einen Satelliten ins All schießen konnte, ...

Deshalb ...

Die USA ...

Am Rande des Atomkrieges

👁 **1** Lies den Text. Achte besonders darauf, wie sich der Konflikt entwickelte.

T1 Eine Revolution in der Karibik

1959 gab es auf der Insel Kuba eine **Revolution**. Der
Anführer, Fidel Castro, enteignete die Unternehmer. Er
baute ein **kommunistisches** System auf. Die USA wollten
5 das nicht, weil amerikanische Unternehmer auf Kuba
viel Geld verdienten. Aber die Sowjetunion unterstützte
die neue kubanische Regierung. Die Sowjetunion brachte
Atomraketen auf die Insel. Deswegen gab es 1962 die
gefährlichste **Krise** im Kalten Krieg.

10 **T2 Die Kubakrise**

Die USA hatten Rampen für Raketen auf Kuba entdeckt.
Sie befürchteten, dass die Sowjetunion sie damit angreifen
wollte. Deshalb verkündete US-Präsident Kennedy
eine Seeblockade: Alle Schiffe sollten aufgehalten
15 und durchsucht werden. Schiffe mit Waffen wollten
die Amerikaner zurückschicken. Kennedy drohte
sogar mit einem Atom-Angriff. Doch die sowjetischen
Schiffe drehten um. Dann sprachen Kennedy und der
sowjetische Regierungschef Chruschtschow miteinander.
20 Chruschtschow versprach, alle Raketen auf Kuba
abzubauen. Deswegen bauten die USA ihre Raketen in der
Türkei ab, die auf die Sowjetunion gerichtet waren.

T3 Ein Umdenken beginnt

Wie gefährlich die Krise gewesen war, verstanden die
25 Politiker erst hinterher. Deshalb richteten die USA und
die Sowjetunion eine direkte Telefonleitung ein. Damit

die Rampe
hier: ein Gestell, mit dem
man Raketen abschießen
kann
die See·blockade
alle Seewege werden
gesperrt

konnten der Präsident und der Regierungschef direkt

miteinander sprechen. So konnte vielleicht in Zukunft ein

Krieg verhindert werden.

30 Nach der Kubakrise einigten sich die USA und die

Sowjetunion: Sie wollten weniger Atomwaffen aufstellen.

2 Wie verlief die Kubakrise? Sortiere (T1, T2).

☐ Die sowjetischen Schiffe drehten um.

☐ Die Sowjetunion baute ihre Raketen auf Kuba ab.

1 Auf Kuba gab es eine Revolution.

☐ Die USA waren gegen Fidel Castro.

☐ Fidel Castro baute ein kommunistisches System auf.

4 Die Sowjetunion unterstützte Fidel Castro.

☐ Die USA durchsuchten alle Schiffe.

☐ Präsident Kennedy und Parteichef Chruschtschow sprachen miteinander.

☐ Die USA fanden Rampen für Atomraketen.

☐ Dafür bauten die USA ihre Raketen in der Türkei ab.

3 Löse in deinem → Schülerbuch: Aufgabe 4a (Seite 103, T2, Q1).
Nutze die Methode auf Seite 111 und die Wörter.

die Arme gegeneinander drücken die Atomraketen abschießen	Atomraketen kurz über dem Knopf	einen Knopf

Chruschtschow und Kennedy …

Sie sitzen auf …

Auf dem Tisch sehe ich …

Beide haben ihre Finger …

Das bedeutet, dass …

→ Seite 108/109 im Schülerbuch

Das Ende des Kalten Krieges

👁 **1** Lies den Text. Achte besonders darauf, wie Michail Gorbatschow handelte.

T1 Ein neuer Mann im Kreml

Michail Gorbatschow wurde 1985 Chef der Sowjetunion.
Die Sowjetunion war nach außen eine Supermacht.
Aber die Sowjetunion hatte große Probleme: Die
5 **Planwirtschaft** funktionierte nicht. Die Rüstung kostete
zu viel Geld. Deshalb hatten die Menschen einen niedrigen
Lebensstandard. Die Politiker sprachen von Gleichheit. Aber
die Politiker sorgten dafür, dass es ihnen selbst besser ging
als den anderen Menschen. Alle wussten das, aber niemand
10 durfte darüber sprechen.
Gorbatschow wollte über die Probleme sprechen. Die Presse
durfte über alles berichten. Gorbatschow beschrieb seine
neue Politik mit 2 Wörtern: Glasnost und Perestroika.

T2 Der Ostblock löst sich auf

15 Die kommunistischen Politiker in den anderen Staaten
des Ostblocks bekamen Angst. Die Menschen wollten
auch in ihren Ländern die Freiheit. Wie sollten die
kommunistischen Politiker ihre Macht behalten?
Gorbatschow sagte, dass die Sowjetunion kein Land
20 angreifen würde. Deshalb trauten sich viele Menschen,
mehr Freiheit zu fordern. Zum Beispiel streikten die
Arbeiter in Polen so lange, bis die polnische Regierung freie
Wahlen zuließ.
Friedliche Revolutionen fanden 1989/1990 in allen Ländern
25 des Ostblocks statt. Viele Länder wurden zu Demokratien.
1991 lösten die Länder des Ostblocks das Militärbündnis

der Kreml
der Amtssitz der Regierung
in Moskau

Glasnost
die Offenheit, auch: die
Öffentlichkeit (russisch)

Perestroika
der Umbau, die
Umgestaltung (russisch)

des Ostblocks (den **Warschauer Pakt**) auf. Damit war der
Kalte Krieg zu Ende.

T3 Die Sowjetunion fällt auseinander

30 Gorbatschow wollte eigentlich nur den Sozialismus
erneuern. Aber die Menschen wandten sich gegen die
alte kommunistische Regierung. In den Sowjetrepubliken
wollten die Menschen unabhängig sein. 1991 löste sich die
UdSSR auf.

35 15 neue Staaten entstanden. Russland ist der größte Staat
von ihnen. Russland besitzt immer noch Atomwaffen und
viele Rohstoffe. Aber es ist keine Supermacht mehr.

2 **Was weißt du über Michail Gorbatschow und die UdSSR?**
Ergänze die richtigen Begriffe (T1 bis T3). Tipp: 2 Begriffe sind falsch.

| Polen | Planwirtschaft | NATO |
| Sowjetunion | Warschauer Pakt | Sozialismus |

Diese Wirtschaftsform funktionierte nicht: _____

Gorbatschow wollte diese Gesellschaftsform erneuern: _____

In diesem Land streikten die Arbeiter, bis es freie Wahlen gab: _____

Dieses Bündnis löste sich 1991 auf: _____

3 **Löse in deinem → Schülerbuch: Aufgabe A3 (Seite 109, T1 bis T3, Schon gewusst?).**
Unterstreiche im Text und liste auf.

Gorbatschows Ziele	Ergebnis
über die Probleme sprechen (T1)	
mehr Freiheit (T2)	
den Sozialismus erneuern (T3)	

Deutschland – geteilt und vereint

1949	**17. Juni 1953**
Zwei deutsche Staaten werden gegründet: die BRD und die DDR.	In der DDR kommt es zu einem Aufstand.

1 Sprich über das Bild. Nutze die Wörter.

die Menschenmenge	der Zaun	der Fotograf, -en
der Fotoapparat, -e	der Polizist, -en	der Pass, die Pässe
hochhalten	die Faust ballen	rufen
drängeln		

2 Du stehst in der Menge. Wie fühlst du dich?
Sprich mit deinem Partner/deiner Partnerin.

sicher	stark	zornig	aufgeregt	erwartungsvoll
froh	ängstlich	...		

3 Erkläre deinem Partner/deiner Partnerin: Wer steht da?

der Bürger, die Bürgerin	die Polizei	der Polizist	das Volk

4 Suche dir eine Person auf dem Bild. Schreibe auf, was die Person vielleicht sagt.

durchlassen	die Grenze aufmachen	Angst haben	genug haben	...

→ Seite 116/117 im Schülerbuch

Gründung von zwei deutschen Staaten

👁 **1** Lies den Text. Achte besonders auf die Unterschiede zwischen den beiden deutschen Staaten.

T1 Die Gründung der Bundesrepublik

1948 setzten sich Vertreter der westdeutschen Bundesländer zusammen. Die Vertreter waren der **Parlamentarische Rat**. Gemeinsam schrieben sie eine vorläufige Verfassung.

5 Sie sollte für einen westdeutschen Teilstaat sein. Diese vorläufige Verfassung nennen wir das **Grundgesetz**.

Am 23. Mai 1949 wurde das Grundgesetz gültig. Damit war die Bundesrepublik Deutschland gegründet. Die Hauptstadt war Bonn. Im August 1949 gab es die ersten Wahlen.

vorläufig
hier: so lange gültig, bis es eine richtige Verfassung gibt

10 **T2 Das Grundgesetz der Bundesrepublik**

Das Grundgesetz legt fest, dass die Bundesrepublik eine **parlamentarische Demokratie** mit **Gewaltenteilung** ist. Das Grundgesetz schützt besonders die **Grundrechte** der Menschen, zum Beispiel die Meinungsfreiheit.

15 Das Grundgesetz unterscheidet sich in wichtigen Dingen von der Weimarer Verfassung: Der Bundespräsident hat weniger Macht. Der Bundeskanzler hat mehr Macht.

die parlamentarische Demokratie
Das Volk wählt die Abgeordneten im Parlament.
die Gewalten·teilung
die Verteilung der Macht auf das Parlament, die Regierung und die Gerichte

T3 Die Gründung der DDR

Ein Volksrat erarbeitete in der SBZ eine Verfassung. Die 20 **Volkskammer** setzte am 7. Oktober 1949 diese Verfassung in Kraft. Damit war die DDR gegründet. Eigentlich sollte die DDR eine parlamentarische Demokratie sein. Aber eine Partei, die **SED** (Sozialistische Einheitspartei Deutschlands), hatte die ganze Macht.

die Volks·kammer
das Parlament in der DDR

2 **Wie wurde die Bundesrepublik Deutschland gegründet? Trage ein (T1).**

Grundgesetz	gültig	vorläufige Verfassung	gegründet

Die Vertreter der Bundesländer schrieben zusammen eine _____

_____ . Diese Verfassung nennen wir das _____ .

Am 23. Mai 1949 wurde das Grundgesetz _____ . Damit

war die Bundesrepublik Deutschland _____ .

3 **Wie unterschieden sich die Gründung der Bundesrepublik und die Gründung der DDR?**
Lies T1 und T3. Markiere im Text und trage ein.

	Bundesrepublik	DDR
Wer erarbeitete die Verfassung?		
Wann wurde der Staat gegründet?		

4 **Löse in deinem → Schülerbuch: Aufgabe A4 (Seite 117, T2, Q3). Formuliere.**

die Menschen besonders schützen	Schutz vor einem Diktator
die Weimarer Republik	stabil

Die Grundrechte sind so wichtig, weil ... _____

_____ .

Wenn die Meinungsfreiheit und die Freiheit der Menschen geschützt sind, ... _____

_____ .

Der Staat sollte nicht so schwach sein wie ... _____

_____ .

Die Demokratie sollte ... _____ .

→ Seite 118/119 im Schülerbuch

Markt- und Planwirtschaft

👁 **1** **Lies den Text. Achte besonders auf die Unterschiede in der Wirtschaft.**

T1 Planwirtschaft im Osten

In der DDR plante der Staat die Wirtschaft. Pläne legten

fest, was und wie viel die Betriebe produzieren sollten.

Es gab auch Pläne dafür, was **exportiert** wurde und wie

5 viel die Bürger im Land kaufen durften. Diese Form der

Wirtschaft heißt **Planwirtschaft**.

Die Bauern und Handwerker durften keinen eigenen Betrieb

mehr haben. Sie mussten in **Genossenschaften** eintreten.

exportieren
Waren ins Ausland
verkaufen, ausführen

die Genossenschaft
Ein Betrieb gehört nicht
einem oder wenigen
Menschen, sondern allen, die
dort arbeiten.

T2 Soziale Marktwirtschaft im Westen

10 In der Bundesrepublik bestimmten Angebot und Nachfrage

den Preis und die Menge der Waren. Man spricht vom

„**freien Markt**". Doch der Staat half den Menschen. Sie

bekamen Hilfe, wenn sie krank waren, alt wurden oder

ihre Arbeit verloren. Der Staat half auch den Menschen,

15 die vor dem Krieg geflohen waren und alles verloren hatten.

Wir nennen dieses System „**soziale Marktwirtschaft**".

Die Menschen bekamen dadurch Lust, das Land wieder

aufzubauen. Bald ging es vielen wieder gut.

die Nachfrage
der Wunsch der Käufer, eine
Ware zu bekommen

T3 Wirtschaftsboom

20 Durch den Marshall-Plan gab es in der BRD Geld für die

Unternehmer. Die kauften davon moderne Maschinen.

Dadurch konnten sie schnell immer bessere Waren

produzieren. Diese waren in der ganzen Welt beliebt. Die

BRD konnte viele Waren exportieren. Aber auch in der BRD

25 kauften die Menschen viel ein. Viele Menschen hatten im

Krieg alles verloren. Jetzt verdienten sie Geld und konnten

sich viele neue Dinge kaufen. Deshalb wurde die Wirtschaft

in der BRD schnell immer stärker. Wir nennen das

das „**Wirtschaftswunder**".

2 Markt- oder Planwirtschaft? Ordne zu (T1, T2).

| die Genossenschaft | Hilfe vom Staat | DDR | BRD | freier Markt |

| Pläne für die Produktion | der Staat plant die Wirtschaft |

soziale Marktwirtschaft	Planwirtschaft

3 Wie kam es zum „Wirtschaftswunder"? Trage ein (T3).

| exportiert | Marshall–Plans | kauften viel ein | gute Produkte |

| Geld für Unternehmer | neue Maschinen |

Dank des _____ gab es viel _____

in der BRD. Die kauften davon _____. Damit konnten

sie _____ herstellen.

Viele Waren wurden _____.

Aber auch die Menschen in der BRD _____.

4 Löse in deinem → Schülerbuch: Aufgabe A3 (Seite 119, T2, T3).
Warum hilft es der Wirtschaft, wenn der Staat Menschen in Not hilft? Ergänze.

| Lust haben, das Land aufzubauen | sich nicht allein gelassen fühlen |

Wenn der Staat Armen und Kranken Geld gibt, …
_____

Wenn die Menschen merken, dass der Staat ihnen hilft, …
_____

Gefangen im eigenen Staat

1 Lies den Text. Achte besonders darauf, warum die DDR eine Mauer baute.

T1 Der 17. Juni 1953

In der DDR war der Wiederaufbau sehr schwer. Es gab von allem zu wenig. Deshalb forderte der SED-Staat, dass die Menschen mehr arbeiten. Dafür bekamen die Menschen
5 aber nicht mehr Geld. Dagegen wehrten sich die Arbeiter in Ost-Berlin. Sie begannen am 16. Juni 1953 einen **Streik**. Am 17. Juni streikten die Menschen überall in der DDR. Sie forderten auch freie Wahlen und Meinungsfreiheit. Deshalb bat die Regierung die Sowjetunion um Hilfe. Sowjetische
10 Soldaten verhafteten viele Demonstranten. Einige wurden sogar getötet.

der Streik

Die Menschen arbeiten
so lange nicht, bis ihre
Forderungen erfüllt werden.

T2 Grenzbefestigungen gegen Flucht

Die Menschen in der DDR sahen, dass die SED nicht mit ihnen verhandeln wollte. Die SED wollte ihre Macht durch
15 Druck und Kontrollen erhalten. Die Bürger sollten nicht nach Westdeutschland fliehen. Deshalb baute die DDR eine Betonmauer und Grenzzäune mit einem Todesstreifen und Wachtürmen.

der Todes·streifen

eine Grenzanlage, in der
auf fliehende Menschen
geschossen wurde

T3 Der Bau der Berliner Mauer

20 Am 13. August 1961 schloss die Nationale Volksarmee (NVA) den westlichen Teil Berlins ein. Soldaten und bewaffnete Arbeiter ließen niemanden mehr durch. Dann wurde auch um West-Berlin eine Mauer gebaut.

die Nationale Volks·armee
(NVA)

die Armee der DDR

T4 Feinde der Republik

25 Die DDR-Regierung sagte, dass sie mit den Grenzen ihre Bürger schützen will. Die Bürger sollten in Ruhe die

sozialistische Gesellschaft aufbauen. Die Soldaten an
der Grenze mussten auf Menschen schießen, die fliehen
wollten. Deshalb starben 327 Menschen an der Grenze.

2 Was passierte im Juni 1953? Ordne zu (T1).

Der SED-Staat forderte	streikten.
Die Arbeiter	die Menschen auf, mehr zu arbeiten.
Sowjetische Soldaten	verhafteten und töteten viele Demonstranten.

3 Was passierte im August 1961 (T2 bis T4)? Kreuze an, was richtig ist.

Wer sperrte die Grenze?

☐ die Regierung der Bundesrepublik

☐ die Sowjetunion

☐ die Nationale Volksarmee

Wie erklärte die DDR die Grenze?

☐ Sie wollte seltene Tiere schützen.

☐ Sie wollte die Wirtschaft schützen.

☐ Sie wollte ihre Bürger schützen.

**4 Löse in deinem → Schülerbuch: Aufgabe A4 (Seite 125, T2 bis T3, Q3).
Ergänze die Wörter.**

den Menschen verhandeln	eine Mauer	Macht behalten
unter Kontrolle haben		

Die SED wollte ihre _____ .

Doch sie wollte nicht mit _____ .

Stattdessen wollte die SED die Menschen _____ .

Deshalb baute die SED _____ um West-Berlin und an der Grenze

nach Westdeutschland.

→ Seite 144/145 im Schülerbuch

Protestieren für Veränderungen

1 Lies den Text. Achte besonders darauf, wie die Menschen protestierten.

T1 Eine außerparlamentarische Opposition

In der BRD gab es 1966 eine große Koalition aus den
Parteien CDU und SPD. Viele Bürger und Studenten
waren mit der Politik nicht einverstanden. Sie forderten
5 mehr Mitbestimmung, vor allem an den Schulen und
Universitäten. Die Bürger und Studenten nannten sich die
„außerparlamentarische Opposition". Das heißt, dass
sie zwar nicht im Parlament saßen, aber trotzdem gegen
die Politik der Regierung waren. Heute nennen wir die
10 Demonstranten „Achtundsechziger", weil die Proteste im
Jahr 1968 besonders heftig waren.
Auf den Demonstrationen kam es immer öfter zu Gewalt.

T2 Neue politische Bedingungen

1969 wurde Willy Brandt (SPD) zum **Bundeskanzler**
15 gewählt. Willy Brandt wollte, dass die Menschen mehr in
der Politik bewirken können. Deshalb erneuerte er viele
Dinge. Doch einigen Menschen reichten die Reformen
nicht. Deshalb gründeten sie eine radikale Gruppe, die
RAF (Rote Armee Fraktion). Die RAF wollte ihre Ziele durch
20 Terroranschläge erreichen.

T3 Widerstand in der DDR

Auch in der DDR waren viele Menschen unzufrieden. Sie
forderten Meinungs- und Reisefreiheit. Sie wollten nicht
mehr von der Geheimpolizei, der Stasi, überwacht werden.
25 Der Protest war aber gefährlich: Oft wurden die Menschen
verhaftet oder in den Westen abgeschoben. Reformen gab es
nicht.

die Opposition
die Partei oder Parteien, die im Parlament sitzen, aber nicht mitregieren dürfen

die große Koalition
die beiden Parteien mit den meisten Stimmen tun sich zusammen, um zu regieren

die Reform
hier: eine Änderung der Politik, um sie zu verbessern

2 Streiche die falschen Satzteile durch (T1, T2).

Die Bürger und Studenten forderten mehr *Geld / Arbeit / Mitbestimmung*.

Die Bürger und Studenten nannten sich die *außerparlamentarische Opposition / große Koalition / Rote Armee Fraktion*.

Auf den Demonstrationen kam es immer häufiger zu *Gesprächen / Gewalt / Musik*.

Bundeskanzler Willy Brandt wollte *vieles erneuern / nichts ändern / die Demonstranten verhaften*.

3 Gab es Widerstand in der DDR? Ergänze die Wörter (T3).

überwacht	Meinungsfreiheit	unzufrieden	abgeschoben

Reisefreiheit	gefährlich	verhaftet

In der DDR waren viele Menschen _____ .

Sie forderten _____ und _____ .

Sie wollten nicht mehr _____ werden.

Aber der Protest war _____ .

Die Demonstranten wurden _____ oder _____ .

4 Welche Reformen schlug Brandt vor? Löse in deinem → Schülerbuch: Aufgabe A3 (Seite 145, Q5). Nutze die Wörter.

das Wahlalter senken	früher volljährig sein	mehr Freiheit
mehr Mitsprache	mehr Mitverantwortung	

Brandt schlug vor: ...

_____

_____

_____

_____

_____

_____

_____

_____

Bürger engagieren sich für Frieden

1 Lies den Text. Achte besonders darauf, wofür sich die Menschen in Ost und West einsetzten.

T1 Gegen Raketen und Umweltzerstörung

Die Supermächte USA und Sowjetunion hatten Atomwaffen. Die Atomwaffen konnten alle Gegner vernichten. Dagegen protestierte die **Friedensbewegung**. 500 000 Menschen

5 protestierten 1983 in Bonn. Die Menschen protestierten gegen den NATO-Doppelbeschluss und gegen Atomkraftwerke. Sie waren für Umweltschutz, Frauenrechte und Gerechtigkeit gegenüber ärmeren Ländern. Aus diesen Protesten entstand eine neue Partei: „Die Grünen".

10 **T2 „Schwerter zu Pflugscharen"**

Auch in der DDR protestierten Menschen gegen die Aufrüstung und für den Frieden. Aber in der DDR war offener Protest verboten. Deshalb trafen sich die Menschen oft in evangelischen Kirchen. Sie kritisierten

15 die Verletzung der Menschenrechte in der DDR und die Umweltverschmutzung durch die alten, kaputten Fabriken.

T3 Veränderungen in West – und Ost?

1982 gab es Neuwahlen, weil die Regierungsparteien SPD und FDP sich in vielen Dingen nicht einig wurden.

20 Die Parteien CDU und FDP bildeten die neue Regierung. Der neue Bundeskanzler war Helmut Kohl. Die Partei „Die Grünen" kam bei dieser Wahl das erste Mal in den Bundestag.

1985 wurde Michail Gorbatschow **Generalsekretär** der

25 Sowjetunion. Er wollte die Wirtschaft modernisieren und mehr Freiheiten zulassen (→ Seite 42, T1).

---

die Friedens·bewegung
Bürger, die für Frieden und Abrüstung sind

der NATO-Doppel·beschluss
Die NATO bot der Sowjetunion Friedensgespräche an. Sie wollte Atomwaffen aufstellen, wenn die Sowjetunion ablehnt.

„Schwerter zu Pflugscharen"
Zitat aus der Bibel: Waffen sollen zu nützlichem Werkzeug umgebaut werden

die Aufrüstung
immer mehr Waffen kaufen

der General·sekretär
offizielle Bezeichnung für den Regierungschef der Sowjetunion

2 Was forderte die Friedensbewegung in Ost und West? Trage ein (T1, T2).

für Frauenrechte	gegen die Verletzung der Menschenrechte
gegen die Aufrüstung	gegen Umweltverschmutzung
für Frieden	für mehr Gerechtigkeit gegenüber ärmeren Ländern

West	Ost	beide

3 Welche politischen Veränderungen gab es in Ost und West? Fülle aus (T3).

| Freiheit | Bundestag | Sowjetunion | wirtschaftliche |
| Helmut Kohl | Michail Gorbatschow | Regierung | Grünen |

In der BRD gab es 1983 eine neue _____. Der neue Bundeskanzler war

_____. Eine neue Partei kam in den _____,

„Die _____". In der _____

wurde _____ neuer Generalsekretär.

Er wollte _____ Reformen und mehr _____.

**4 Löse in deinem → Schülerbuch: Aufgabe 6 (Seite 147, T1 bis T3, Q2 bis Q4).
Welche Ideen kannst Du heute teilen? Diskutiere (T1, T2, Q2–Q4) → AV 6**

Ich finde	Umwelt schützen	wichtig
Ich denke	zu ärmeren Ländern gerecht sein	notwendig
Für mich	Frieden schaffen/Frieden erhalten	
menschlich	die Menschenrechte achten	

→ Seite 150/151 im Schülerbuch

„Wir sind das Volk"

👁 **1** Lies den Text. Achte besonders darauf, wie die Bürger der DDR handelten.

T1 Reformen – nein danke

Im Mai 1989 wählten die DDR-Bürger bei den
Kommunalwahlen. Bürgerrechtsgruppen fanden
heraus, dass die SED die Wahlergebnisse fälschte.

5 Deshalb protestierten die Bürgerrechtsgruppen.
Sie forderten Meinungsfreiheit, Beteiligung an
der Politik und Reisefreiheit. Die SED wollte die
Bürgerrechtsgruppen einschüchtern, damit sie mit
den Protesten aufhören. Aber die Bürgerrechtsgruppen

10 protestierten weiter.

die Kommunal·wahl
die Wahl der Volksvertreter
für die Städte und die Dörfer

die Bürger·rechts·gruppe
eine Gruppe, die fordert,
dass die Politiker die
Bürgerrechte beachten

T2 Das Volk erzwingt Veränderungen

Viele Menschen in der DDR glaubten nicht, dass das Leben
dort besser wird. Deshalb stellten 120 000 DDR-Bürger im
Sommer 1989 einen Ausreiseantrag. Ungarn und Österreich

15 bauten im Sommer 1989 die Grenzen ab. Deshalb flohen
auch Tausende DDR-Bürger über Ungarn in den Westen. Die
SED verlor ihre Macht, weil so viele Bürger auswanderten.

der Ausreise·antrag
In der DDR mussten die
Menschen einen Antrag
stellen, wenn sie in ein Land
im Westen reisen wollten.

T3 Massendemonstrationen

Die Bürgerrechtsgruppen forderten politische Reformen.

20 Deshalb organisierten sie riesige Demonstrationen. Am
9. Oktober 1989 wollte die SED die Massendemonstration in
Leipzig mit Gewalt auflösen. Aber dort demonstrierten an
dem Tag mehr als 100 000 Menschen. Das waren zu viele.
Deshalb konnte die SED nichts tun. Jeden Montag gab es

25 Demonstrationen. Diese Demonstrationen wurden immer
größer.

die Reform
hier: eine Änderung der
Politik, um sie zu verbessern

T4 **Die Mauer fällt**

Der Chef der SED, Erich Honecker, trat am 18. Oktober 1989

zurück. Egon Krenz wurde der neue Chef. Aber das reichte

30 den Menschen in der DDR nicht. Sie forderten freie Wahlen

und Meinungsfreiheit. Deshalb wollte die Regierung neue

Gesetze machen, aber es war zu spät. Am 9. November

sagte der SED-Politiker Schabowski, dass die Menschen frei

reisen dürfen. Deshalb fuhren viele Menschen sofort los. Die

35 Grenzbeamten ließen sie durch. Die Mauer war gefallen.

2 Was passierte im Sommer 1989? Ergänze (T1, T2).

Macht	protestierten	bedrohte	Kommunalwahlen	Westen

Die SED fälschte das Ergebnis der _____ .

Bürgerrechtsgruppen fanden das heraus. Sie _____

dagegen. Die SED _____ die Bürgerrechtsgruppen.

Aber die machten weiter. Viele Tausend Menschen flohen in den _____ .

Dadurch verlor die SED ihre _____ .

3 Was bewirkten die Massendemonstrationen (T3, T4)? Kreuze an, was richtig ist.

☐ Die SED löste die Demonstrationen mit Gewalt auf.

☐ Die neuen Gesetze halfen der SED.

☐ Die Grenzbeamten ließen die Menschen ausreisen.

4 Löse in deinem → Schülerbuch: Aufgabe A4 (Seite 151, T1 bis T4).

Demonstranten einschüchtern	Politiker	zurücktreten
Demonstrationen mit Gewalt auflösen	hilflos	die Grenzen öffnen

Vor dem Oktober 1989 wollte die SED ... _____ .

Viele Menschen flohen ... _____ .

Im Oktober 1989 ... _____ .

Die SED machte das, weil ... _____ .

→ Seite 152/153 im Schülerbuch

Aus Zwei wird Eins

👁 **1** **Lies den Text. Achte besonders darauf, wie die Vereinigung verlief.**

T1 „Wir sind ein Volk"

Viele DDR-Bürger glaubten nicht mehr, dass die DDR
erneuert werden konnte. Der Staat hatte hohe Schulden.
Die Bürger wollten das nicht bezahlen. Deshalb wollten
5 viele DDR-Bürger die Vereinigung mit der Bundesrepublik.
Der westdeutsche Bundeskanzler Helmut Kohl schrieb
einen Plan für die Vereinigung. Der Bundestag stimmte dem
Plan am 28. November 1989 zu.

T2 Schnelle Einheit statt Erneuerung

10 Viele **Bürgerrechtsgruppen** wollten lieber die DDR
erneuern. Deshalb gab es in vielen Städten „Runde Tische".
Bei diesen Treffen diskutierten die Bürgerrechtsgruppen
und die Politiker der DDR über die Zukunft des Landes.
Aber bei den Wahlen zur Volkskammer am 18. März 1990
15 bekamen die Bürgerrechtsgruppen nur 2,9 Prozent der
Stimmen. Die „Allianz für Deutschland" bekam 48 Prozent
der Stimmen. Das hieß: Die Menschen in der DDR wollten,
dass die beiden Länder vereinigt werden.
Lothar de Maizière (CDU) wurde der neue DDR-
20 Ministerpräsident. Er verhandelte schnell mit der
Bundesregierung über die Einheit. Ab dem 1. Juli 1990
konnten die Menschen in der DDR schon mit der D-Mark
bezahlen. Die Volkskammer beschloss am 23. August 1990,
dass die DDR der Bundesrepublik beitritt.

die Volkskammer
das Parlament der DDR

die „Allianz für Deutsch·land"
der Name einer politischen
Gruppe aus Ost-CDU,
Demokratischem Aufbruch
und Deutscher Sozialer
Union, unterstützt von der
West-CDU
bei·treten
hier: das System
eines anderen Staates
übernehmen

25 T3 **Zwei plus vier = eins**

Die Einheit konnte es nur geben, wenn die Siegermächte

des Zweiten Weltkrieges (die USA, Großbritannien,

Frankreich und die Sowjetunion) einverstanden waren.

Aber einige von ihnen fürchteten ein starkes Deutschland.

30 Deshalb mussten die Deutschen lange verhandeln.

Die vier Siegermächte und die beiden deutschen

Regierungen unterschrieben am 12. September 1990 den

Einigungsvertrag. Deshalb gibt es seit dem 3. Oktober 1990

wieder einen einzigen deutschen Staat.

2 Auf dem Weg zur Einheit: Was war wann? Ordne zu (T1 bis T3).

18. März 1990	In der DDR können die Menschen mit der D-Mark bezahlen.
1. Juli 1990	Es gibt wieder einen einzigen deutschen Staat.
23. August 1990	Der Einigungsvertrag wird unterschrieben.
12. September 1990	Die Wahl zur Volkskammer findet statt.
3. Oktober 1990	Die DDR tritt der Bundesrepublik bei.

3 Löse in deinem → Schülerbuch: Aufgabe 2 (Seite 153, T2, D1).

den Beitritt zur BRD   eine „neue" DDR   die D-Mark

einen anderen Sozialismus   sich ein gutes Leben leisten können

DDR-Bürgerrechtler	die meisten Menschen in der DDR

5

711 bis heute

Begegnung von Kulturen in Europa

| **711 bis 1492** islamische Herrschaft in Spanien | **1772/92/95** Aufteilung Polens zwischen Russland, Preußen und Österreich |

 1 Sprich über das Bild. Nutze die Wörter.

das Fußballspiel, -e	das Freundschaftsspiel, -e
die Mannschaft, -en	der Spieler, die Spieler
das Einlaufen	das Spielfeld, -er
die Begrüßung/das Willkommen	die Sprache, -en
das Banner, die Banner	der Rasenplatz

2 Stell dir vor, du bist bei dem Fußballspiel. Wie ist die Stimmung?

locker | freundlich | gespannt | ruhig | aufgeregt

3 Sieh dir das Foto genau an. Von wem ist das Willkommens-Banner?

4 Welche Sprachen erkennst du auf dem Willkommens-Banner?

5 Warum passt das Bild von einem Fußballspiel zu dem Kapitel „Begegnung von Kulturen"? Erkläre.

Spieler lieben	Fans überall auf der Welt	viele verschiedene Länder	das Spiel

6 Hat dich schon mal jemand mit „Herzlich Willkommen" begrüßt? Wer war das, und wo war das?

7 Wen würdest du mit einem „Herzlich Willkommen" begrüßen? Zeichne ein Willkommens-Plakat für die Person.

Spanien und Sizilien – islamisches Europa

👁 **1** **Lies die Texte. Achte besonders darauf, was die Muslime mit nach Europa brachten.**

T1 Religiöse Toleranz

Muslime eroberten Spanien im Jahr 711. Die Muslime
herrschten fast 800 Jahre lang in Spanien. Auf der Insel
Sizilien regierten von 850–1090 muslimische Herrscher. Es
5 gab immer wieder Streit und Krieg zwischen Muslimen und
Christen. Aber Muslime, Christen und Juden lebten auch
lange Zeit friedlich zusammen. 1492 eroberten die Christen
Spanien zurück. Die Christen wollten die Muslime und
Juden zwingen, zum Christentum überzutreten. Wer das
10 nicht wollte, musste das Land verlassen.

der Muslim, die Muslima
ein Mensch, der den
islamischen Glauben hat
der Christ
ein Mensch, der den
christlichen Glauben hat
der Jude
ein Mensch, der den
jüdischen Glauben hat

T2 Kultureller Glanz

Prächtige Großstädte und bedeutende Hochschulen
entstanden in Spanien und Sizilien. Gelehrte und
Wissenschaftler aus allen drei Religionen arbeiteten dort
15 zusammen. Viele Besucher aus dem christlichen Europa
reisten in die muslimischen Städte. Dort konnten sie
das Neueste aus der Medizin, der Mathematik und der
Geographie lernen. Auch die Handwerker waren die Besten.
Sie stellten die besten Werkzeuge und Waffen der ganzen
20 Welt her.

prächtig
besonders schön und teuer
bedeutend
besonders wichtig
der Gelehrte
ein kluger Mensch, ein
wissenschaftlich gebildeter
Mensch

2 Welche Sätze sind richtig? Kreuze an (T1).

☐ 711 haben Christen Spanien erobert.

☐ Die Insel Sizilien war von 850 bis 1090 unter islamischer Herrschaft.

☐ Muslime, Christen und Juden hatten immer Streit.

☐ Muslime, Christen und Juden lebten eine Zeit lang in Frieden.

☐ Die Juden eroberten Spanien.

☐ Muslime und Juden mussten das Land verlassen,
nachdem die Christen es erobert hatten.

☐ Sizilien war nie unter islamischer Herrschaft.

3 Markiere 5 Dinge (→, ↓), die die Muslime besonders gut konnten (T2).

A	B	W	H	G	H	J	K	I	L	P
H	M	A	T	H	E	M	A	T	I	K
B	K	F	A	E	R	T	U	I	O	P
L	I	F	N	B	H	T	F	M	E	D
R	E	E	A	T	U	I	P	E	O	I
U	U	N	U	T	G	G	G	D	V	C
E	W	S	D	R	E	R	Z	I	D	C
W	D	I	R	L	J	U	L	Z	P	L
G	E	O	G	R	A	P	H	I	E	I
S	T	E	I	K	A	M	P	N	D	R
S	W	E	R	K	Z	E	U	G	E	I

1) _____

_____

2) _____

_____

3) _____

_____

4) _____

_____

5) _____

_____

4 Löse in deinem → Schülerbuch: Aufgabe A4 (Seite 165). Nutze T2 und Q2.

sich beschäftigen	die muslimischen Schriften
die christlichen Schriften	verachten | bedauern

_____

_____

_____

→ Seite 166/167 im Schülerbuch

Jüdische Emanzipation in Europa

👁 **1** Lies die Texte. Achte besonders darauf, was sich für die Juden änderte.

T1 Frankreich: sofortige Gleichstellung

Im Jahr 1789 gab es in Frankreich eine Revolution. Die
Nationalversammlung erließ nach der Revolution ein
Gesetz: Vom Jahr 1791 an waren Juden französische
5 **Staatsbürger**, wie alle anderen Franzosen auch. Diese
Gleichstellung heißt **Emanzipation**. Die Franzosen
eroberten viele Gebiete in Westeuropa und Mitteleuropa.
Deshalb begann auch für die Juden dort eine Emanzipation.

die Revolution

die Ordnung im Staat mit

Gewalt verändern

die National·versammlung

eine Versammlung von

gewählten Abgeordneten

T2 Deutschland: allmähliche Gleichstellung

10 In Deutschland dauerte es länger als in Frankreich, bis
Juden gleichgestellt waren. Die Emanzipation deutscher
Juden begann in Preußen: Juden wurden dort 1812
allen anderen Bürgern gleichgestellt. Aber nachdem die
deutschen Fürsten die französischen Truppen besiegt
15 hatten, stoppten sie die Emanzipation der Juden. Erst 1847
führte Preußen die Gleichstellung der Juden teilweise
wieder ein. Trotzdem blieben Juden lange „Bürger
2. Klasse". Erst im Jahr 1871 wurden Juden rechtlich
gleichgestellt. Das wurde in der Verfassung des deutschen
20 **Nationalstaates** festgelegt.

allmählich

nach und nach

die Verfassung

die Festlegung von Form und

Aufbau eines Staates

T3 Emanzipation in anderen Staaten

Auch in vielen anderen Staaten Europas erlangten Juden
in den 1860er- und 1870er-Jahren die Bürgerrechte. Nur in
Russland blieb die rechtliche Situation für Juden schwierig.

25 T4 **Antisemitismus als Gegenreaktion**

Viele Juden wurden in der Zeit der Industrialisierung

erfolgreiche Unternehmer und Geschäftsleute. Deshalb

trugen sie dazu bei, Deutschland zu einer modernen

Wirtschaftsmacht zu machen.

30 Doch einige Menschen in Deutschland wollten Juden nicht

als gleichwertig anerkennen. Seit dem Mittelalter hatten

viele Menschen Juden gehasst, weil sie eine andere Religion

haben. Ab dem Ende des 19. Jahrhunderts gab es sogar

Menschen, die glaubten, dass die Juden eine „minderwertige

35 Rasse" seien. Diese Art der Abneigung gegen die Juden

nennt man **Antisemitismus**.

das Mittel·alter
der Zeitraum zwischen etwa
500 und 1500 n. Chr.
die Rasse, -n
Manche Menschen glauben,
dass es auch beim Menschen
verschiedene Rassen gibt.
Diese Ansicht ist aber falsch.

2 Bearbeite in deinem → Schülerbuch: Aufgabe A2 (Seite 167, T1 bis T3).

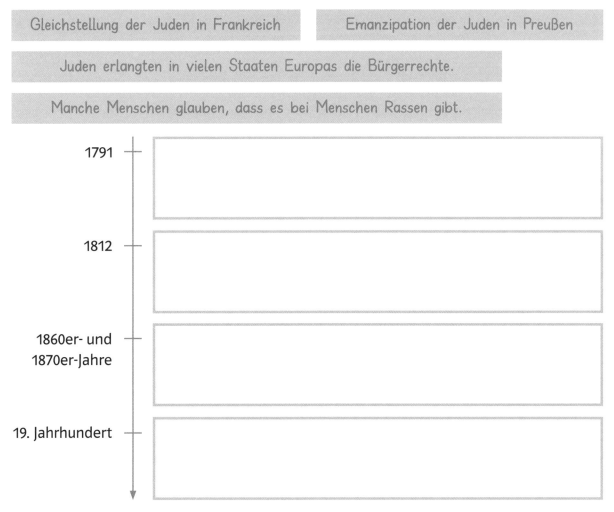

Gleichstellung der Juden in Frankreich

Emanzipation der Juden in Preußen

Juden erlangten in vielen Staaten Europas die Bürgerrechte.

Manche Menschen glauben, dass es bei Menschen Rassen gibt.

1791

1812

1860er- und
1870er-Jahre

19. Jahrhundert

Wie Deutsche und Franzosen einander sehen

👁 **1** Lies die Texte. Achte besonders darauf, wie aus Feinden Freunde wurden.

T1 Feindliche Nachbarn?

Zwischen Deutschen und Franzosen gab es bis weit in das
20. Jahrhundert viel Misstrauen. Oft sahen Deutsche und
Franzosen sich sogar als Feinde. Die Konflikte begannen
5 um 1800, als Napoleon viele Länder in Europa besetzte. Die
Länder führten Kriege gegen Napoleon, um sich zu befreien.
Während dieser Kriege machten sie Propaganda gegen
Frankreich.

Deshalb mochten die Franzosen und die Deutschen
10 einander immer weniger. Deutschland und Frankreich
führten 1870/71, 1914–1918 und 1940 weitere Kriege
gegeneinander. Um Frankreich zu demütigen, feierten die
Deutschen nach dem Deutsch-Französischen Krieg 1871
ihren Sieg im Versailler Schloss. Das Versailler Schloss ist
15 ein Symbol für die französische Macht. Umgekehrt zwangen
die französischen Sieger die deutschen Verlierer nach dem
Ersten Weltkrieg, den Friedensvertrag im Versailler Schloss
zu unterschreiben. Diese Feindschaft wurde von einer
Generation zur anderen weitergegeben. Man nannte diese
20 Feindschaft **„Erbfeindschaft"**.

T2 Aus Feinden werden Freunde

Frankreich und die Bundesrepublik Deutschland schlossen
1963 einen Freundschaftsvertrag. Die Regierungen und
Parlamente der beiden Länder treffen sich seitdem
25 regelmäßig, um sich zu beraten. Außerdem gibt es viele
Partnerschaften zwischen deutschen und französischen
Schulen, Städten und Organisationen. Deshalb gibt es

---

das Misstrauen

denken, dass der andere
etwas Böses vorhat

die Propaganda

Verbreitung von Ideen
oder Meinungen, um die
Menschen zu beeinflussen

demütigen

jemanden herabsetzen,
erniedrigen, seinen Stolz
oder seine Würde verletzen

die Generation, -en

Menschen, die ungefähr
gleich alt sind; auch: die
Menschen, die aufeinander
folgen (Großeltern, Eltern,
Kinder, Enkel)

die Kultur

geistige, künstlerische und
wissenschaftliche Leistungen

die Lebens·qualität

wie gut man in einem Land
leben kann, zum Beispiel
saubere Umwelt,

---

jetzt viele Bekanntschaften und Freundschaften zwischen

Deutschen und Franzosen. Deutsche mögen die französische

30 Kultur und die Lebensqualität in Frankreich. Franzosen

respektieren die starke deutsche Wirtschaft.

gute Arbeitsbedingungen,

gutes Freizeitangebot

respektieren

achten, anerkennen

2 Welche Sätze sind richtig? Kreuze an (T1).

☐ Das Versailler Schloss ist ein Symbol der französischen Macht.

☐ Im Krieg pflegte man im Versailler Schloss die Verletzten.

☐ Im Versailler Schloss feiert der König seinen Geburtstag.

☐ 1871 feierten die Deutschen im Versailler Schloss ihren Sieg über Frankreich.

☐ Im Versailler Schloss musste Deutschland 1919 den Friedensvertrag unterschreiben.

3 Ergänze die Wörter (T2).

Regierungen   Städtepartnerschaften   Freundschaftsvertrag

Schulpartnerschaften

Im Jahr 1963 unterschrieben Deutschland und Frankreich einen _____

_____. Seitdem treffen sich die _____,

um sich zu beraten. Auch in der Bevölkerung sind Freundschaften entstanden,

zum Beispiel durch _____

oder _____. Dadurch kommen die Menschen

miteinander in Kontakt.

4 Löse in deinem → Schülerbuch: Aufgabe 2 (Seite 171, T1). Liste auf.

1. Befreiungskriege _____

2. _____

3. _____

4. _____

→ Seite 172/173 im Schülerbuch

Wie Deutsche und Polen einander sehen

👁 **1** Lies die Texte. Achte besonders auf die Beziehung zwischen Deutschen und Polen.

T1 **Belastende Vergangenheit**

Die Nachbarstaaten Polens haben Polen mehrfach unter
sich aufgeteilt. Preußen, Österreich und Russland teilten
das Land Polen in den Jahren 1772, 1793 und 1795 zwischen
5 sich auf. Preußen bekam Westpreußen und Posen. Die
polnische Bevölkerung musste sich an die deutsche Sprache
und Kultur anpassen, obwohl sie in der Mehrheit war.
1918 schufen die Sieger des Ersten Weltkrieges wieder
einen polnischen Staat. Zu diesem gehörten Westpreußen
10 und Posen und ein Teil von Oberschlesien. Die deutsche
Bevölkerung musste sich nun in Polen anpassen. Deshalb
blieb die Beziehung zwischen Deutschland und Polen
gespannt.
1939 überfiel Deutschland Polen und beherrschte es. Damit
15 begann der Zweite Weltkrieg. Deutsche unterdrückten
und ermordeten Polen. Außerdem bauten Deutsche in den
besetzten Gebieten die Vernichtungslager. Dort ermordeten
sie Millionen von Juden. Der Zweite Weltkrieg endete 1945.
Die Sowjetunion annektierte Ostpolen. Dafür verschob
20 die Sowjetunion die polnische Grenze im Westen an die
Flüsse Oder und Neiße. Millionen von Polen und Deutschen
verloren durch Zwangsumsiedlung und Vertreibung ihre
Heimat und ihren Besitz.

T2 **Annäherungen und Aussöhnung**

25 Polen forderte von den Deutschen die Anerkennung der
Oder-Neiße-Grenze. Die DDR erkannte die Grenze 1950 an.
Die Bundesrepublik schloss 1970 einen Vertrag mit Polen.

gespannt
hier: kurz vor einem Konflikt

ermorden
mit Absicht töten

annektieren
etwas mit Gewalt und gegen
das Recht in Besitz nehmen

die Zwangs·umsiedlung
Menschen zum Verlassen
eines Ortes zwingen und
dort zu leben, wo man es für
sie geplant hat

die Vertreibung
Menschen zum Verlassen
eines Ortes zwingen

die Heimat
Ort, an dem ein Mensch
geboren ist oder sich zu
Hause fühlt

In diesem Vertrag verabredeten die Westdeutschen und
die Polen Maßnahmen, um ihr Verhältnis zu verbessern.

30 Doch erst nach der **Wiedervereinigung** 1990 erkannte
Deutschland die Oder-Neiße-Grenze an. 1991 schlossen
die beiden Länder den **Nachbarschaftsvertrag**. Damit
wollten sie die Beziehungen weiter verbessern. Doch seit
den 2010er-Jahren gibt es neue Probleme. Polen, Ungarn

35 und Rumänien bauen autoritäre Staaten auf. Deshalb gibt es
Konflikte mit der EU. Trotzdem sind viele Polen überzeugte
Europäer.

autoritär

antidemokratisch

überzeugt

fest an etwas glauben,

davon begeistert sein

 2 **Wie war die Vergangenheit Polens? Fülle aus (T1).**

Wann?	Was?	Wer?
1772, 1793, 1795		
	Schaffung eines polnischen Staates	
		Deutschland

 3 **Löse in deinem → Schülerbuch: Aufgabe A2 (Seite 173, T2, Q4). Ergänze die Sätze.**

Vertrag   Nachbarschaftsvertrag   wiedervereinigte   Oder–Neiße–Grenze

Anerkennung

Polen forderte von den Deutschen die _____ der

Oder-Neiße-Grenze. Die DDR erkannte die _____ an.

Die Bundesrepublik und Polen schlossen einen _____ , um

das Verhältnis zu verbessern.

Das _____ Deutschland erkannte die Oder-Neiße-Grenze an.

Polen und Deutschland schlossen den _____ .

6

Demokratie in Deutschland –
wie bringe ich mich ein?

👄 **1** Sprich über das Bild. Nutze die Wörter.

das Gebäude, die Gebäude	die Architektur	die Glasfassade, -n
die Kuppel, -n	die Glaskuppel	die Rampe, -n
spiralförmig	der Besucher, die Besucher	der Tourist, -en
der Ausblick	das Reichstagsgebäude	das Parlament

2 Was siehst du, wenn du durch die Scheiben blickst?

Ich sehe ...	Von hier oben kann ich ... sehen.

3 Das Gebäude ist weltbekannt. In welcher Stadt steht es?
Wofür wird es genutzt (→ Schülerbuch, Seite 188)?

Das Gebäude steht in ...

Das Gebäude heißt ...

Darin tagt das ...

4 Zeichne das Gebäude, das zu der Kuppel gehört (→ Schülerbuch, Seite 188).

→ Seite 180/181 im Schülerbuch

Wer hat die Macht im Staat?

👁 **1** Lies die Texte. Achte besonders auf die Machtverteilung.

T1 Kontrolle ist gut

In einer Demokratie ist die Macht geteilt. Kein Mensch soll
allein über andere Menschen oder den Staat herrschen.
Es sollen viele Menschen herrschen. Die Gewaltenteilung
5 funktioniert so: Die Bürger wirken über das Parlament an
der Gesetzgebung mit. Die Regierung führt die Gesetze aus.
Die Gerichte überprüfen die Rechtmäßigkeit der Gesetze.
Die Gerichte betrafen Verstöße gegen das Gesetz. Diese drei
Staatsgewalten kontrollieren sich gegenseitig.

herrschen

Macht haben

die Gewalten·teilung

die Verteilung der Macht
auf das Parlament, die
Regierung und die Gerichte

die Recht·mäßigkeit

dem Gesetz entsprechend,
richtig

10 ### T2 Teilung der Macht

Der Bund, die Länder und die Gemeinden in Deutschland
teilen sich die Aufgaben. Die Bundesrepublik Deutschland
hat 16 Bundesländer. Dieses Prinzip der Bundesstaatlichkeit
wird **Föderalismus** genannt.

15 Das Volk wählt **Vertreter**. Diese Vertreter treffen in einer
Demokratie die Entscheidungen. Diese Entscheidungen sind
im Interesse des Volkes. Anders ist es in einer **Diktatur**.
In einer Diktatur herrscht eine Person (ein **Diktator**), eine
Gruppe oder eine Partei ganz allein. Sie hält sich nicht an
20 das Recht und die Gesetze. In einer Diktatur gibt es keine
Gewaltenteilung. Menschen, die gegen die Diktatur sind,
werden verhaftet, gefoltert oder ermordet.

das Prinzip der
Bundes·staat·lich·keit
Ein Land kann in
Bundesstaaten aufgeteilt
sein, die über viele Dinge
selber entscheiden können.

das Interesse
hier: etwas, das für
jemanden wichtig oder
nützlich ist

T3 Interessengruppen

In einer Demokratie wird viel um politische Fragen
25 gestritten. Viele Menschen haben auch viele
unterschiedliche Interessen. Deshalb ist Streit ganz normal.

Die Parteien möchten viele **Wähler** haben. Aber auch
Bürgerinitiativen, Verbände, Vereine und Wirtschafts-
unternehmen wollen die Politik beeinflussen. Über die
30 Medien können diese **Interessengruppen** ihre Interessen
bekannt machen. Die Medien decken Missstände auf, sie
fordern Maßnahmen oder kommentieren Entscheidungen.
Dadurch beeinflussen auch die Medien die Politik. Die
Regierung muss für einen Ausgleich möglichst vieler
35 Interessen sorgen, wenn sie wiedergewählt werden möchte.

die Bürger·initiative
eine Gruppe von Bürgern
mit einem gemeinsamen
Interesse

der Miss·stand
ein schlechter Zustand, nicht
in Ordnung

der Aus·gleich
hier: möglichst viele
Interessen berücksichtigen

2 Ergänze die Wörter (T1).

| Kontrolle | Parlament | Gewaltenteilung | Demokratie |

| Staatsgewalten | Gerichte | Regierung |

Deutschland ist eine _____. Es gibt drei _____:

das _____, die _____ und die _____.

Die _____ ermöglicht die gegenseitige _____.

3 Diktatur oder Demokratie? Ordne die Merkmale zu (T2).

Entscheidungen durch gewählte Vertreter

Entscheidungen durch eine Person oder Partei

Durchsetzen der Macht mit Gewalt

Gewaltenteilung

Demokratie

Diktatur

4 Löse in deinem → Schülerbuch: Aufgabe A4 (Seite 181, T3).

| an einer Bürgerinitiative teilnehmen Politiker beeinflussen | Wähler beeinflussen Beiträge in den Medien veröffentlichen | wählen |

Der Deutsche Bundestag

1 Lies die Texte. Achte besonders auf die Aufgaben des Bundestages.

T1 Gesetze für ganz Deutschland

Jedes der 16 Bundesländer hat einen eigenen Landtag.
Der Deutsche Bundestag ist das Parlament für ganz
Deutschland. Deshalb beschließt der Bundestag Gesetze
5 für das ganze Land. Der Bundestag ist die **Legislative**, die
gesetzgebende Gewalt. Die Bürger wählen die Landtage und
den Bundestag. Eine Legislaturperiode dauert 4 Jahre.
Das Parlament beschließt die Gesetze und kontrolliert die
Exekutive. Das macht vor allem die Opposition. Die Parteien
10 der Opposition möchten gerne die nächste Wahl gewinnen.
Deshalb sind sie der Regierung gegenüber misstrauisch.
Der Bundestag wählt den Bundeskanzler. Dafür muss
eine Mehrheit der Mitglieder für die gleiche Person
stimmen. Der Bundestag muss zustimmen, wenn deutsche
15 Streitkräfte Einsätze im Ausland machen sollen.

der Land·tag — die Parlamente der einzelnen Bundesländer

die Legis·latur·periode — die Zeit, für die eine Volksvertretung gewählt ist

die Exekutive — die ausführende Gewalt in einer Demokratie

die Opposition — Parteien, die die Politik der regierenden Parteien ablehnen

die Streit·kräfte — hier: die Bundeswehr

T2 Wie das Parlament arbeitet

Wir nennen die gewählten Volksvertreter **Abgeordnete**.
Alle Abgeordneten einer Partei bilden eine Fraktion.
Die verschiedenen Themen und Meinungen der
20 Fraktionsmitglieder werden jede Woche diskutiert
und aufeinander abgestimmt. Das ist wichtig, denn so
können die Fraktionen mit einheitlichen Zielen und
Entscheidungen auftreten.

die Fraktion — die Abgeordneten einer Partei im Parlament

T3 „Nur dem Gewissen unterworfen"

25 Im Grundgesetz steht in Artikel 38 Absatz 1, dass
Abgeordnete „an Aufträgen und Weisungen nicht gebunden
und nur ihrem Gewissen unterworfen" sind. Also sind

das Grund·gesetz — die Verfassung für die Bundesrepublik Deutschland die Abgeordneten frei in ihren Entscheidungen. Trotzdem

stimmen die Abgeordneten einer Fraktion meistens

30 gleich ab. Der Grund dafür ist der **„Fraktionszwang"**:

Die Vorsitzenden der Fraktionen geben eine bestimmte

Entscheidung vor. Viele Bürgerinnen und Bürger sehen das

kritisch. Dem Grundgesetz nach haben sie damit Recht.

Aber oft wäre sonst nicht klar, was eine Partei bewirken

35 möchte. Deshalb wollen die Parteien nach außen einheitlich

erscheinen.

2 **Was sind die Aufgaben des Bundestages? Streiche die falschen Satzteile durch (T1).**

Der Bundestag ist die *Legislative / Exekutive.*

Eine Legislaturperiode dauert *4 Jahre / 4 Monate.*

Das Parlament *beschließt / kontrolliert* Gesetze.

Das Parlament *kontrolliert / wählt* die Exekutive.

Die Opposition ist *gleicher Meinung wie / anderer Meinung als* die Regierung.

Der Bundestag *wählt / kontrolliert* den Bundeskanzler.

Wenn deutsche Streitkräfte im Ausland eingesetzt werden sollen, muss der Bundestag
zustimmen / nicht zustimmen.

3 **Löse in deinem → Schülerbuch: Aufgabe 4 (Seite 189, T3).**

dem Gewissen unterworfen sein	Grundgesetz	eine Partei
bewirken	wählen	

Dafür spricht, dass …

Das steht so …

Dagegen spricht, dass …

Ich finde, dass …

→ Seite 192/193 im Schülerbuch

Die Bundesregierung

👁 **1** Lies die Texte. Achte besonders auf die Aufgaben und die Rolle der Bundesregierung.

T1 Im Zentrum der Macht

Die **Bundesregierung** leitet den Staat. Die
Bundesregierung gestaltet die Politik in Deutschland und
die Beziehungen zu anderen Staaten. Der **Bundestag**
5 beschließt die Gesetze. Dann sorgt die Bundesregierung
dafür, dass die Gesetze umgesetzt werden.
Die Regierung heißt auch **Kabinett**. Das Kabinett trifft
sich jede Woche und berät, welche Veränderungen dem
Staat helfen können. Aus diesen Entscheidungen werden
10 Gesetzesentwürfe. Diese Gesetzesentwürfe gibt die
Bundesregierung an den Bundestag weiter.

der Gesetzes·entwurf

ein Vorschlag zur Änderung
der Gesetze

T2 Bildung der Regierung

Die Regierung wird in Deutschland alle 4 Jahre neu gewählt.
Die Partei mit den meisten Stimmen übernimmt die
15 Regierung. Oft erreicht keine Partei die absolute Mehrheit.
Deshalb suchen die Parteien sich einen Partner, um
zusammen eine Koalition zu bilden. Die Koalition bildet
die Regierung. Die Koalition schlägt einen Kandidaten oder
eine Kandidatin für die Kanzlerwahl vor.

die absolute Mehrheit

mehr als die Hälfte von
etwas

die Koalition

ein Bündnis von Parteien,
um gemeinsame Ziele zu
erreichen

20 T3 Die Rolle des Bundeskanzlers

Die Bundeskanzlerin oder der Bundeskanzler ist der
Chef der Regierung. Im Grundgesetz steht, dass der
Bundeskanzler die Richtung der Politik bestimmt. Der
Bundeskanzler legt die Ziele und die Schwerpunkte fest.
25 Der Bundeskanzler hat das Recht, die Minister auszuwählen.
Er kann sie zur Ernennung oder Entlassung vorschlagen.
Außerdem müssen die Ministerien den Bundeskanzler über

die Ernennung

hier: jemanden zum Minister
machen

die Entlassung

hier: jemanden nicht weiter
beschäftigen, verabschieden

ihre Arbeit informieren. Wir nennen dieses Prinzip das

„Kanzlerprinzip".

30 T4 **Weitere Regierungsprinzipien**

Wir nennen den Aufgabenbereich eines Ministeriums

Ressort. In einem Ressort werden die Gesetze vorbereitet.

Jeder Minister leitet seinen Bereich eigenverantwortlich.   eigen·verantwortlich

Deshalb darf der Bundeskanzler nicht einfach entscheiden.   Der Minister darf allein

35 Dieses Prinzip heißt das **„Ressortprinzip".** Es gibt   entscheiden.

regelmäßige Sitzungen des Kabinetts. Dort treffen die   das Kabinett

Minister aller Ressorts gemeinsam Entscheidungen. Diese   ein Treffen aller

Regelung heißt **„Kollegialprinzip".** Aber wenn der   Ministerinnen und Minister

Bundeskanzler und die Minister sich nicht einigen können,   einer Regierung

40 entscheidet der Kanzler.

2 **Wie arbeitet die Bundesregierung? Sortiere (T1).**

| 1 | Das Kabinett erarbeitet neue Gesetzesentwürfe. |

| ☐ | Die Bundesregierung setzt die Gesetze um. |

| ☐ | Der Bundestag beschließt Gesetze. |

| ☐ | Der Bundestag bekommt die Gesetzesentwürfe von der Bundesregierung. |

3 **Löse in deinem → Schülerbuch: Aufgabe A2 (Seite 193, T3). Verbinde die Satzteile.**

Der Bundeskanzler bestimmt	die Minister auswählen.
Der Bundeskanzler darf	die Ziele und Schwerpunkte der Regierung.
Die Ministerien müssen den Bundeskanzler	über ihre Arbeit informieren.

→ Seite 194/195 im Schülerbuch

Die Hüter der Verfassung

👁 **1** **Lies die Texte. Achte besonders auf die Rolle der höchsten Richter.**

T1 Das Bundesverfassungsgericht

Während ihrer Diktatur betrieben die Nationalsozialisten politischen **Machtmissbrauch**. Sie begingen Verbrechen im Namen des Staates. Wir können den Missbrauch von 5 Macht verhindern. Dafür müssen wir **Legislative** und **Exekutive** gut kontrollieren.

Deshalb hat die Judikative im Grundgesetz die gleiche Bedeutung wie die Legislative und die Exekutive. Dies bedeutet Schutz für uns alle. Wenn ein Bürger denkt, 10 dass ein Gesetz gegen das Grundgesetz verstößt, darf er beim Bundesverfassungsgericht dagegen klagen. Wenn er mit seiner Klage erfolgreich ist, muss das Gesetz zurückgenommen oder überarbeitet werden.

die Judikative
die richterliche Gewalt im Staat

das Bundes·verfassungs·gericht
das oberste Gericht in der Bundesrepublik, seine Entscheidungen gelten für alle

die Klage, klagen
hier: eine Beschwerde vor Gericht

T2 Der Bundespräsident

15 Der **Bundespräsident** ist das **Staatsoberhaupt** der Bundesrepublik Deutschland. In unserer Demokratie hat der Bundespräsident wenig Macht. Aber der Bundespräsident muss die Gesetze prüfen, bevor er sie unterschreibt. Deswegen ist das Amt des Bundespräsidenten 20 trotzdem wichtig. Der Bundespräsident und das Bundesverfassungsgericht müssen die Verfassungsmäßigkeit von Gesetzen sicherstellen. Zudem repräsentiert der Bundespräsident die Bundesrepublik in Deutschland und im Ausland. Er besucht andere Staaten und empfängt viele 25 Gäste in Deutschland.

Der Bundespräsident hält viele Reden. In diesen Reden weist er auf Missstände hin und verlangt Veränderungen.

das Amt
ein Posten im Staat mit bestimmten Aufgaben

die Verfassungs·mäßigkeit
Etwas ist so, wie es die Verfassung vorschreibt.

repräsentieren
hier: für Deutschland stehen, das Land vertreten

T3 Wahl des Bundespräsidenten

Jeder kann Bundespräsident oder Bundespräsidentin

30 werden. Dazu muss er mindestens 40 Jahre alt sein

und die deutsche **Staatsbürgerschaft** besitzen. Der

Bundespräsident wird für 5 Jahre gewählt. Er kann 1 Mal

wiedergewählt werden.

Die **Bundesversammlung** wählt den Bundespräsidenten.

35 Die Bundesversammlung besteht aus allen Abgeordneten

des Bundestages. Dazu kommt die gleiche Anzahl an

Vertretern aus den Bundesländern. Das können auch

Prominente, Sportler, Künstler oder ehemalige Politiker

sein. Je mehr Einwohner ein Bundesland hat, desto mehr

40 Vertreter hat es in der Bundesversammlung.

2 Wer macht was? Verbinde (T1).

Legislative	ausführende Gewalt	Gerichte
Exekutive	rechtsprechende Gewalt	Parlament
Judikative	gesetzgebende Gewalt	Regierung

3 Löse in deinem → Schülerbuch: Aufgabe A3 (Seite 195, T2). Ordne zu.

| Gesetze prüfen | Gäste empfangen | andere Staaten besuchen | Reden halten |

| auf Missstände hinweisen | Verfassungsmäßigkeit von Gesetzen sicherstellen |

repräsentieren	kontrollieren

Die EU – ein Garant für Frieden, Wohlstand und Sicherheit?

1 Sprich über das Bild. Nutze die Wörter.

die Fahne, -n	der Demonstrant, -en	die Meinung, -en
der Protest, -e	das Plakat, -e	das Schild, -er
die Europaflagge, -n		

👄 **2 Wo findet die Demonstration statt? Begründe.**

die Hauptstadt	der Turm	die Fahnen
Die Sprache auf den Schildern ist …		

📝 **3 Worum geht es bei der Demonstration? Beachte die Schilder und die Fahnen.**

Bei der Demonstration geht es um …	Die Leute demonstrieren für …
Die Leute protestieren gegen …	

📝 **4 Wie ist die Stimmung der Demonstranten?**

freundlich	entspannt	angespannt	traurig	aggressiv

📝 **5 Welche Fragen hast du zu dem Bild?**

Ich möchte wissen, warum …

Der europäische Binnenmarkt

1 Lies die Texte. Achte besonders auf die Vorteile des europäischen Binnenmarktes.

T1 Ein großer Wirtschaftsraum

In der EU dürfen Waren und Dienstleistungen frei die Grenzen überqueren. EU-Bürger dürfen überall in der EU arbeiten und Unternehmen gründen. Das ist gut für die
5 Wirtschaft und schafft Arbeitsplätze.

Der **Wirtschaftsraum** der EU ist ein großer Markt. Deshalb lohnt es sich für die Unternehmen, gute Produkte zu entwickeln. Diese Produkte können die Unternehmen auch außerhalb der EU verkaufen. Außerdem ist die EU ein
10 gleichwertiger **Verhandlungspartner** gegenüber anderen Wirtschaftsmächten. Deshalb kann die EU mit jedem anderen Land der Erde gute Verträge schließen. Wenn die Länder der EU einzeln mit anderen Ländern verhandeln müssten, hätten sie schlechtere Bedingungen.

15 ## T2 Regionalförderung

In der EU sind die **Wirtschaftskraft** und der **Wohlstand** nicht gleich verteilt. Das ist ein Problem. 2008 gab es eine Finanzkrise. Die Länder in Südeuropa haben unter der Finanzkrise besonders gelitten. Deshalb wurden Millionen
20 Menschen in Südeuropa arbeitslos. Förderprogramme der EU sollen ihnen helfen.

Die EU will die europäische Wirtschaft stärken. Deshalb investiert die EU Geld in schnelles Internet, Autobahnen und die Eisenbahn. Wir nennen diese Einrichtungen
25 **Infrastruktur**. Neue Technologien sichern auch in Zukunft den Wohlstand in Europa. Deshalb ist es besonders wichtig, neue Technologien zu fördern.

---

die Dienst·leistung
eine Leistung wie Pflege oder Beratung

gleich·wertig
genau so wichtig, genau so stark

die Bedingung
etwas, das da sein muss, damit etwas anderes gelingen kann

die Finanz·krise
hier: Der Zusammenbruch einiger Banken löste eine schwierige Lage für die Wirtschaft auf der ganzen Welt aus.

das Förder·programm
Bereitstellung von Geld und einem Plan, um etwas zu verbessern

T3 Nationale Interessen

Jeder Mitgliedstaat der EU möchte das Beste für sein Land

30 erreichen. Immer gibt es Gruppen, die Angst vor Nachteilen

haben. Daher ist es sehr schwierig, neue Gesetze für Europa

zu beschließen.

T4 Handelsabkommen

Die EU hat viele Verträge mit anderen Ländern.

35 Dadurch regelt die EU zum Beispiel Zölle auf Waren und

Dienstleistungen.

Besonders die afrikanischen und asiatischen Staaten am

Mittelmeer bekommen niedrige Zölle. Manche Waren

dürfen sie sogar **zollfrei** in die EU exportieren.

der Zoll

eine Gebühr, damit
jemand Waren über eine
Landesgrenze bringen darf

exportieren

Waren in ein anderes Land
ausführen

2 **Welche Sätze sind richtig? Kreuze an (T1, T2).**

☐ Waren und Dienstleistungen müssen innerhalb der EU kontrolliert werden.

☐ Die EU ist ein gleichwertiger Geschäftspartner für große Wirtschaftsmächte.

☐ Wohlstand und Wirtschaftskraft sind in allen EU-Ländern gleich.

3 **Bilde aus den Wortteilen 2 Fachbegriffe. Ordne sie den Erklärungen zu (T2).**

WIRT	IN	KRAFT	SCHAFTS	STRUKTUR	FRA

Einrichtungen wie Eisenbahn, Autobahnen, Internet: _____

Die Leistungsfähigkeit der Wirtschaft in einem Land oder

Binnenmarkt: _____

4 **Schülerbuch: Aufgabe A4 (Seite 215). Lies T2 und T3. Unterstreiche und fülle aus.**

Die Mitgliedstaaten wollen _____,

um Arbeitsplätze zu schaffen. Sie wollen ihre _____ stärken.

Sie wollen _____ für ihr Land. Die Gruppen

in den Ländern wollen keine _____.

→ Seite 218/219 im Schülerbuch

Die Volksvertretung: das EU-Parlament

1 Lies die Texte. Achte besonders auf die Aufgaben des EU-Parlaments.

T1 Demokratische Prinzipien

Alle Menschen über 18 Jahren mit einer Staatsbürgerschaft aus einem EU-Land dürfen das Europäische Parlament wählen. Die Wahlen finden alle 5 Jahre statt. Die Wahlen
5 sind allgemein, unmittelbar, frei und geheim.
Jeder Bürger, der bei der Europawahl wählen darf, darf sich auch wählen lassen. Das nennen wir das **passive Wahlrecht**. Eine Partei oder eine politische Vereinigung wählt Bewerberinnen und Bewerber aus. Das heißt
10 **demokratisches Auswahlverfahren**. Wer ausgewählt wird, kommt auf die Bundeslisten oder Landeslisten von Parteien oder politischen Vereinigungen.

T2 Fraktionen bündeln Interessen

Abgeordnete aus allen EU-Staaten bilden das Europäische
15 Parlament. Deshalb sitzen im Europäischen Parlament viel mehr politische Parteien als in einem nationalen Parlament. Aber politische Interessen können nur gemeinsam durchgesetzt werden. Deshalb schließen sich Parteien mit ähnlichen Zielen und Interessen zu **Fraktionen** zusammen.
20 Doch manchmal gibt es in einer Fraktion Streit. Dann kann es passieren, dass eine Fraktion sich spaltet.

T3 Eingeschränkte Rechte

Die **Gesetzgebung** ist das wichtigste Recht eines Parlaments. Aber die Staaten wollen sich an der
25 Gesetzgebung beteiligen. Es ist sehr schwierig, Gesetze durchzusetzen, wenn einzelne Länder das nicht wollen.

allgemein	für alle gültig und verpflichtend
unmittelbar	hier: direkt, jeder muss selbst wählen
die (Bundes- oder Landes-)Liste	eine Liste von Parteien oder Bewerbern für ein politisches Amt, aus denen die Wähler auswählen
spalten	sich aufteilen, trennen

Ein neues Gesetz darf nur die **Europäische Kommission**
vorschlagen. Deshalb muss das Parlament die Europäische
Kommission erst überzeugen, einen Vorschlag zu machen.

30 Die **Ausschüsse** des Parlaments bereiten die Entscheidung
über ein neues Gesetz vor. Die Ausschüsse sind
Arbeitsgruppen mit Experten aus allen Fraktionen.

der Experte

Dann stimmen die Abgeordneten über das Gesetz ab. Die

jemand, der sich in einem

Mehrheit entscheidet. Danach muss der **Ministerrat**

Bereich besonders gut

35 dem Gesetz zustimmen. Der Ministerrat besteht aus den

auskennt

Fachministern aller Mitgliedstaaten.

der Fach·minister

Der **Europäische Rat** darf über Gesetze zur Außen- und

ein Minister eines

Steuerpolitik entscheiden. Bei diesen Gesetzen wird das

bestimmten

Parlament nur nach seiner Meinung gefragt.

Aufgabenbereichs (Ressorts)

2 Ordne richtig zu und verbinde (T1, T2).

Bewerber für das Parlament	werden alle 5 Jahre gewählt.
Die Abgeordneten des Parlaments	sind alle EU-Bürger.
Wahlberechtigt	sind Personen, die auf Bundes- und Landeslisten von Parteien stehen.

3 Löse in deinem → Schülerbuch: Aufgabe A2b) (Seite 219, T2, T3). Ordne zu.

das Parlament   die Europäische Kommission   der Ministerrat

der Rat der Europäischen Union

vorschlagen	zustimmen

→ Seite 220/221 im Schülerbuch

In Brüssel fallen die Entscheidungen

👁 **1** **Lies die Texte. Achte besonders darauf, wer für was zuständig ist.**

T1 Der Europäische Rat

Die Staats- und Regierungschefs der EU-Länder treffen sich
4 Mal im Jahr in Brüssel. Sie bilden den **Europäischen Rat**.
Die Treffen der Staats- und Regierungschefs nennen wir
5 **EU-Gipfel**. Auf diesen EU-Gipfeln besprechen die Staats-
und Regierungschefs Pläne und Probleme der EU. Sie fassen
Beschlüsse, mit denen die Organe der EU weiterarbeiten.
Die Beschlüsse müssen sie einstimmig fassen. Deshalb sind
die Beschlüsse oft Kompromisse aus den Interessen der
10 Länder. Der **Präsident des Europäischen Rates** leitet
den EU-Gipfel. Der Präsident wird von den Staats- und
Regierungschefs für 2,5 Jahre gewählt.

der Beschluss
eine gemeinsam festgelegte Entscheidung

das Organ
eine offizielle Einrichtung, Teil einer Organisation

der Kompromiss
eine Einigung, bei der beide Seiten aufeinander zugehen

T2 Der Ministerrat

Der **Ministerrat** und das EU-Parlament sind die wichtigsten
15 gesetzgebenden Organe in der EU. Zusammen mit dem EU-
Parlament ist der Ministerrat für viele Gesetze zuständig.
Diese Gesetze gelten europaweit. Deshalb hilft der
Ministerrat, die Politik der Mitgliedstaaten aufeinander
abzustimmen.

gesetz·gebend
ein Organ, das Gesetze berät und verabschiedet

abstimmen
hier: etwas in Einklang bringen, vereinheitlichen

20 T3 Die Europäische Kommission

Die **Europäische Kommission** ist so etwas wie die
Regierung der EU. Die Europäische Kommission soll die
Interessen der EU wahren. Die Europäische Kommission
handelt völkerrechtliche Verträge mit Nicht-EU-Staaten
25 aus. Die Europäische Kommission führt die Beschlüsse
des Ministerrates und des Europäischen Parlaments
aus. Außerdem verwaltet die Europäische Kommission

völker·rechtlich
etwas, das das Völkerrecht betrifft, für alle Völker gilt

den EU-Haushalt. Jedes Mitgliedsland entsendet einen

Kommissar. Die Kommissare sind dann für einen

30 bestimmten Politikbereich zuständig, zum Beispiel für

die Landwirtschaft. Der Kommissionspräsident leitet die

Europäische Kommission. Das Europäische Parlament wählt

ihn für 5 Jahre.

der Haus·halt

Einnahmen und Ausgaben

der Kommissar

eine Person, die von einem

EU-Mitgliedstaat ernannt

wird

T4 „Motor" der Gemeinschaft

35 Die Europäische Kommission prüft, ob Probleme für alle

Mitgliedstaaten geregelt werden können. Dann macht die

Europäische Kommission Vorschläge für neue Gesetze.

Diese Gesetzesvorschläge legt die Kommission dem

Parlament und dem Ministerrat vor, damit diese darüber

40 entscheiden können.

T5 „Hüterin der Verträge"

Die Europäische Kommission und der Europäische

Gerichtshof kontrollieren zusammen, ob die

Mitgliedstaaten das europäische Recht richtig anwenden.

2 Wer macht was? Ordne zu (T1–T3).

Der europäische Rat		stimmt die Politik der Mitgliedsländer aufeinander ab.
Der Ministerrat		schlägt Gesetze vor und kontrolliert die Mitgliedsländer.
Die Europäische Kommission		fasst Beschlüsse.

3 Löse in deinem → Schülerbuch: Aufgabe A2 (Seite 221, T2).
Wofür ist der Ministerrat zuständig? Markiere im Text und liste auf.

1) _____ 3) _____

2) _____

→ Seite 222/223 im Schülerbuch

Wie ein EU-Gesetz entsteht

1 Lies die Texte. Achte besonders darauf, wie ein EU-Gesetz entsteht.

T1 Verträge als Grundlage

Die EU handelt nach dem Grundsatz der
Rechtstaatlichkeit. Das heißt: Zwischen den Staaten ist
alles durch Verträge festgelegt. Der **Vertrag von Lissabon**
5 regelt seit 2009 alle wichtigen Dinge für die EU.

T2 Zwei Arten von EU-Gesetzen

In der EU gibt es 2 Arten von Gesetzen. Es gibt
„Verordnungen". Die Verordnungen gelten unmittelbar.
Das bedeutet, dass die Mitgliedstaaten an den Verordnungen
10 nichts ändern dürfen. Die Verordnungen stehen über
nationalen Gesetzen.
Es gibt auch **„Richtlinien"**. Die Richtlinien geben Ziele und
Richtungen vor. Die Mitgliedstaaten überführen diese in
eigenes nationales Recht. Dafür haben die Mitgliedstaaten
15 eine bestimmte Frist. Außerdem dürfen sie gewisse
Änderungen machen.

unmittelbar
hier: direkt, sofort

überführen
hier: übertragen,
übernehmen

die Frist
ein Zeitraum, in dem etwas
erledigt werden muss

T3 Der Weg eines Gesetzes

Bei der Gesetzgebung arbeiten 3 **Organe** zusammen:
die Europäische Kommission, der Ministerrat und das
20 Europäische Parlament. Häufig nutzen die Organe das
„Mitentscheidungsverfahren". Die Organe müssen
bei diesem Verfahren einen gemeinsamen Vorschlag
entwickeln.
Das geht so: Die Europäische Kommission schlägt dem
25 EU-Parlament und dem Ministerrat ein neues Gesetz vor.

der Vermittlungs·ausschuss
hier: Treffen von Mitgliedern
der Organe, um einen
Kompromiss zu finden

Wenn das Parlament und der Ministerrat zustimmen,

dann wird das neue Gesetz gültig. Wir nennen das ein

Gesetzgebungsverfahren. Wenn sich die Organe nicht

einigen können, beraten sie sich im Vermittlungsausschuss.   scheitern

30 Wenn sich die Organe auch dort nicht einigen können, ist   nicht funktionieren,

das Gesetzgebungsverfahren gescheitert.   misslingen, fehlschlagen

2 Ergänze die Wörter (T1–T2).

| Rechtstaatlichkeit | Verordnungen | Vertrag von Lissabon | Verträge | Richtlinien |

In der EU wird alles durch _____ geregelt.

Das nennen wir _____ .

Der _____ regelt in der EU die wichtigen Dinge.

Es gibt zwei Arten von EU-Gesetzen. Die _____ sind sofort

und ohne Änderungen gültig. _____ können

die Länder etwas anpassen.

3 Wer arbeitet an neuen Gesetzen mit? Streiche die falschen Satzteile durch (T3).

An einem EU-Gesetz sind die Europäische Kommission, das Parlament und
der Bundeskanzler / der Europäische Gerichtshof / der Ministerrat beteiligt.

Das Parlament / jeder Wähler / die Europäische Kommission kann Vorschläge
für ein neues EU-Gesetz machen.

Wenn es zu einem Gesetz keine Einigung gibt, dann
entscheidet der Präsident / entscheidet das Parlament / gibt es kein Gesetz.

**4 Löse in deinem → Schülerbuch: Aufgabe 4 (Seite 223, M1, T3).
Wie entsteht ein Gesetz? Sortiere die Sätze.**

☐ Das Parlament stimmt über das Gesetz ab, die Mehrheit gewinnt.

5 Das neue Gesetz tritt in Kraft.

☐ Die Ausschüsse bereiten die Entscheidung über ein Gesetz vor.

☐ Der Ministerrat muss zustimmen.

1 Die Europäische Kommission macht einen Gesetzesvorschlag.

8

Umwelt und Wirtschaft – miteinander oder gegeneinander?

1 Sprich über das Bild. Nutze die Wörter.

die Menschenmenge	der Demonstrant, -en	der Sand
der Protest	der Bagger, die Bagger	der Tagebau
die Faust, Fäuste	die Kohle	die Grube

2 Was ist das für eine Grube? Erkläre. Nutze die Wörter aus Aufgabe 1.

3 Was machen die Menschen vorne im Bild?
Achte darauf, wie sie aussehen und was sie tun.

| demonstrieren | dagegen sein | schimpfen |
| schreien | die Faust schütteln | |

Die Menschen ...

Ich erkenne das an ...

4 Welche Fragen würdest du den Demonstranten gerne stellen?

| Was ... | Warum ... | Wer ... | Was hältst du von ... |

5 Zu welcher Seite im Kapitel passt das Bild? Warum?
Sprich mit einem Partner/einer Partnerin.

Ich denke, das Bild passt zu ..., weil ...	Dort geht es um ...
der Tagebau	die Braunkohle
die Energiegewinnung	der Umweltschutz
der Klimaschutz	

→ Seite 238/239 im Schülerbuch

Wir (ver-)brauchen die Umwelt

👁 1 Lies die Texte. Achte besonders darauf, wie die Menschen mit der Umwelt umgehen.

T1 Umweltschutz ist Lebensraum

Im 18. Jahrhundert fand die **Industrielle Revolution** statt. Deshalb begannen die Menschen, Gewässer, Böden und Wälder zu verschmutzen und zu viele Ressourcen

5 zu verbrauchen. Unsere Autos, Kraftwerke und Heizungsanlagen verursachen **Schadstoffe**. Die Schadstoffe verschmutzen die Luft. Außerdem sammeln die Schadstoffe sich in der Atmosphäre. Dadurch beschleunigen sie den Klimawandel.

10 ### T2 „Grenzen des Wachstums"

Die Menschen machten sich wenige Gedanken über den **Umweltschutz**. Aber 1972 veröffentlichten Wissenschaftler einen Bericht zu den „Grenzen des Wachstums". Zum ersten Mal sagte jemand, dass die Ressourcen der Erde irgendwann

15 aufgebraucht sind. Immer mehr Menschen forderten, die Umwelt besser zu schützen. Auch Politiker machten die Umwelt zu einem wichtigen Thema. Trotzdem wuchs die Wirtschaft immer weiter.

T3 Zukunftsprognosen

20 Heute kämpfen wir vor allem gegen den Klimawandel. Der Klimawandel bedroht Menschen zum Beispiel durch den Anstieg des Meeresspiegels. Der Klimawandel lässt das Trinkwasser auf der Südhalbkugel noch knapper werden. Einige Klimaforscher sagen voraus, dass bis

25 zum Ende des Jahrhunderts die Temperatur um mehr als 6 Grad steigen wird. Andere Klimaforscher rechnen mit einem Temperaturanstieg von 3 Grad. Das nennen wir

---

die Ressource
in der Natur vorhandene
Dinge wie Luft, Wasser,
Boden

die Atmosphäre
die Lufthülle um die Erde

der Klima·wandel
eine Veränderung des Klimas

der Meeres·spiegel
die Wasseroberfläche der
Weltmeere

---

die **Erderwärmung**. Alle Klimaforscher sind sich aber

einig: Wir müssen die Erderwärmung und die Folgen des

30 Klimawandels begrenzen.

T4 **Umweltpolitik**

Politiker, Wirtschaftsvertreter und Umweltgruppen streiten

darüber, wie wir den Klimawandel begrenzen können. Am

Klimaproblem können wir sehen: Umweltschutz geht nur

35 gemeinsam. Wenn wir die Umwelt schützen wollen,

– müssen alle mitmachen: die Verbraucher, die Industrie

und die Politik,

– müssen wir alle Bereiche der Gesellschaft verändern,

– müssen wir auf allen Ebenen zusammenarbeiten, vor Ort

40 und international,

– müssen wir zum Beispiel Informationen, Verbote,

Steuern, freiwillige Selbstverpflichtungen und

Förderungen nutzen.

die Ebene
hier: alle Stufen, vom
einzelnen Menschen bis zur
gesamten Menschheit

die frei·willige
Selbst·verpflichtung
eine Aufgabe oder Pflicht
übernehmen, ohne dazu
gezwungen zu werden

2 Löse in deinem → Schülerbuch: Aufgabe A3 (Seite 239, T4, M3).
Wer muss handeln, damit die Erderwärmung langsamer wird?

jeder einzelne	die Politiker	die Industrie
die Städte und Gemeinden	die Landwirtschaft	der Staat
die Weltgemeinschaft		

→ Seite 240/241 im Schülerbuch

Nachhaltig handeln

1 Lies die Texte. Achte besonders darauf, wie wir handeln müssen.

T1 Was bedeutet Nachhaltigkeit?

„Nachhaltigkeit" bedeutet, dass wir ersetzen, was wir verbraucht haben. Das heißt zum Beispiel: Wenn die Menschen einen Baum fällen, pflanzen sie einen jungen

5 Baum nach. So stellen wir sicher, dass auch in der Zukunft genügend Bäume und Holz vorhanden sind. Doch wir müssen auch in anderen Bereichen nachhaltig arbeiten, zum Beispiel in der Landwirtschaft, in der Industrie und im Handwerk. Wir alle wollen die Lebensqualität der Menschen

10 auf der Erde erhalten und möglichst verbessern. Deshalb müssen wir ökonomisch und ökologisch handeln. Nur so werden auch die zukünftigen Generationen genug zum Leben haben.

die Lebens·qualität
wie gut man in einem Land leben kann, zum Beispiel saubere Umwelt, gute Arbeitsbedingungen, gutes Freizeitangebot

ökonomisch
mit knappen Gütern und Rohstoffen sparsam umgehen

ökologisch
so, dass die Umwelt geschützt wird

T2 Zwang zum nachhaltigen Handeln

15 Die Menschen sind in den letzten 200 Jahren sorglos mit den **Rohstoffen** umgegangen. Viele Menschen glaubten, dass Kohle, Erdöl und Erdgas unendlich sind. Doch es leben immer mehr Menschen auf der Erde. Deshalb steigt der Verbrauch an den Rohstoffen. Die Rohstoffe werden knapp.

20 Die Verarbeitung der Rohstoffe schadet auch dem Klima. Deshalb müssen die Menschen bewusster mit Rohstoffen umgehen.

sorg·los
unbekümmert, hier: ohne an die Folgen zu denken

knapp
gerade noch genug, aber bald schon zu wenig

bewusst
mit Bedacht, überlegt, die Folgen bedenkend

T3 Die Agenda 21

Im Jahr 1992 trafen sich die Regierungen der meisten

25 Staaten. Die Regierungen beschlossen den Vertrag **Agenda 21.** Die Regierungen haben sich mit dem Vertrag

dazu verpflichtet, nachhaltig zu wirtschaften. Das können

die Städte und Gemeinden am besten umsetzen. Deshalb

entwickeln Städte und Gemeinden Ideen, wie wir alle

30 im Straßenverkehr, in Unternehmen und in Haushalten

Energie sparen können.

T4 Die Agenda 2030

2015 trafen sich die UN-Staatschefs und Regierungschefs.

Sie beschlossen die **Agenda 2030.** Die Agenda listet

35 17 Ziele zur Nachhaltigkeit auf. Um diese Ziele zu erreichen,

gibt es das Aktionsprogramm „Bildung für nachhaltige

Entwicklung" (BNE). Mit der Hilfe des Aktionsprogramms

soll jeder Mensch sein Denken und Handeln verändern.

Jeder soll verantwortungsvoll handeln. Dafür ist gute

40 Bildung wichtig. Es gibt keine große Lösung für die

Umweltprobleme. Deshalb müssen wir lokale Lösungen

finden.

das Aktions·programm
ein Plan für Handlungen,
die einem bestimmten Ziel
dienen sollen
verantwortungs·voll
mit Rücksicht, mit Blick auf
die Folgen das Richtige tun
lokal
dort, wo man ist; vor Ort

2 Lies T2. **Streiche die falschen Satzteile durch.**

In den letzten *2 / 20 / 200* Jahren sind die Menschen sorglos mit den
Menschen / Autos / Rohstoffen der Erde umgegangen.

Viele Menschen glaubten, dass die Rohstoffe *unendlich sind / bald knapp werden*.

Aber immer *mehr / weniger* Menschen leben auf der Welt.

Die Verarbeitung der Rohstoffe schadet *der Wirtschaft / dem Klima*.

**3 Löse in deinem → Schülerbuch: Aufgabe A2 (Seite 241, T1, T2).
Warum müssen wir nachhaltig handeln?**

| Klima | gute Lebensqualität | schadet | Generationen | Rohstoffe |

Wir müssen nachhaltig handeln, weil die _____ knapp werden.

Außerdem _____ die Verarbeitung dem _____. Auch

zukünftige _____ sollen eine _____ haben.

→ Seite 242/243 im Schülerbuch

Klimaschutz kennt keine Grenzen

1 Lies die Texte. Achte besonders auf die Bedeutung des Klimaschutzes.

T1 **Klimaschutz ist international**

Der Klimawandel betrifft alle Menschen der Erde.

Deshalb müssen alle Staaten mithelfen, die Ziele des

Klimaschutzes zu erreichen. Diese Ziele sind: die

5 Erderwärmung stoppen und die Folgen des Klimawandels

begrenzen. Die Treibhausgase verstärken den Klimawandel.

Deshalb müssen wir die Treibhausgase vermindern.

Das müssen vor allem die Industriestaaten tun. Denn pro

Einwohner verursachen sie die meisten Treibhausgase.

10 T2 **Das „Kyoto-Protokoll"**

In der japanischen Stadt Kyoto trafen sich 1997 die

Mitglieder der Vereinten Nationen. Sie beschlossen

Maßnahmen zum Schutz des Klimas. Diese Beschlüsse

heißen das **Kyoto-Protokoll**. Die Industriestaaten

15 vereinbarten, dass sie mindestens 5 Prozent weniger

Treibhausgase ausstoßen werden. Doch einige Staaten

brauchten sehr lange, bis sie dem Kyoto-Protokoll

zustimmten. Deshalb trat das Kyoto-Protokoll

erst 2005 in Kraft.

20 T3 **Mit Treibhausgasen handeln**

Die Staaten müssen das Kyoto-Protokoll nun umsetzen.

Eine Möglichkeit ist der Handel mit Treibhausgasen.

Dieser Handel wird **„Emissionshandel"** genannt. Die

Unternehmen dürfen nur eine bestimmte Menge an

25 Treibhausgasen ausstoßen. Manche Unternehmen stoßen

weniger Treibhausgase aus als sie dürfen. Die übrige Menge

dürfen sie an andere Unternehmen verkaufen.

---

das Treib·haus·gas

ein Gas, das die

Erderwärmung beschleunigt,

zum Beispiel CO_2

der Industrie·staat

ein Staat mit einer

Wirtschaft, die zu einem

großen Teil aus industrieller

Produktion besteht

die Vereinten Nationen

Zusammenschluss fast aller

Länder der Welt für bessere

Zusammenarbeit und zur

Sicherung des Friedens

die Maß·nahme

eine Handlung oder

Regelung, die etwas

Bestimmtes bewirken soll

T4 Interessenkonflikte der Akteure

Staaten, Wirtschaftsverbände und NGOs streiten bei der

30 Klimapolitik um den richtigen Weg. Die Industriestaaten

wollen zum Beispiel weiterhin billig Energie gewinnen.

Indien, China und andere Länder wollen ihre Industrien

weiter aufbauen. Den USA ist das Klimaabkommen zu

teuer. Deshalb steigen die USA aus. Deutschland will

35 den Ausstoß der Treibhausgase reduzieren. Dafür gibt es

das „Erneuerbare-Energien-Gesetz" (EEG). Bis 2020 will

Deutschland 35 Prozent des Stroms aus erneuerbaren

Energien gewinnen. Im Jahr 2030 sollen es 50 Prozent sein.

Im Jahr 2040 sollen es 65 Prozent sein. Deshalb fördert der

40 Staat erneuerbare Energien. Doch das macht den Strom

teurer. Das müssen die Stromverbraucher bezahlen.

der Akteur	handelnde Personen, Staaten oder Organisationen
die NGO	die Nichtregierungs- organisation: eine Organisation, die nicht dem Staat oder der Regierung unterstellt ist
reduzieren	vermindern, verringern
erneuer·bar	kann wiederhergestellt oder neu gewonnen werden

 2 Wer macht was? Verbinde (T1).

Der Klimawandel	verstärken	die Treibhausgase vermindern.
Die Treibhausgase	betrifft	alle Menschen auf der Erde.
Die Menschen	müssen	den Klimawandel.

 3 Löse in deinem → Schülerbuch: Aufgabe A3 (Seite 243, T2).

die Treibhausgase erneuerbare Energien	reduzieren die Anlagen	das EEG umbauen

Deutschland will … .

Deshalb gibt es … .

Damit fördert Deutschland … .

Die zeitlichen Vorgaben sollen den Unternehmen helfen, …

.

„Energiewende" in Deutschland

👁 **1** **Lies die Texte. Achte besonders darauf, was mit „Energiewende" gemeint ist.**

T1 **Jenseits von Kohle und Kernkraft**

In Deutschland haben Umweltschützer, Parteien und
die Energiewirtschaft viele Jahre über die **Atomkraft**
gestritten. Mit Atomkraft können wir Strom erzeugen.
5 Doch 2011 passierte ein schwerer Atomunfall in Japan.
Darum beschloss die deutsche Regierung: Bis zum Jahr 2022
schalten wir alle Atomkraftwerke ab.
Auch mit Kohle erzeugen wir Strom. Doch dabei entstehen
viele Treibhausgase. Deshalb will Deutschland bis 2038 auch
10 die Kohleförderung beenden. Den Strom müssen wir dann
aus regenerativen Energien gewinnen. Umweltschützer
wollen sogar noch früher aus der Kohleförderung
aussteigen. Sonst kann Deutschland seine Klimaziele nicht
erfüllen. Doch in vielen Regionen leben die Menschen von
15 der Kohleförderung. Die Kohleregionen sollen jetzt Hilfe
erhalten. Damit können sie neue Industrien aufbauen.
Den Wechsel zu regenerativen Energien nennen wir
die **„Energiewende"**. Die Energiewende ist eine große
Herausforderung. Doch für die Welt ist die Energiewende
20 in Deutschland nur ein kleiner Schritt. Deutschlands Anteil
am Ausstoß von CO_2 ist 2 Prozent.

die Energie·wirtschaft
Unternehmen, die Strom
produzieren

die Kohle·förderung
Der Abbau von Braunkohle
aus der Erde. Die Kohle wird
danach verbrannt, um Strom
zu gewinnen.

die regenerative Energie
erneuerbare Energien:
Strom und Wärme, die wir
aus Sonne oder Windkraft
oder Wasserkraft oder aus
erneuerbaren Rohstoffen
gewinnen

die Heraus·forderung
eine schwierige Aufgabe

2 Bilde aus den Wortteilen 4 Begriffe und ordne sie den Erklärungen zu (T1).

DE	DE	ENER	FÖR	GIE	ATOM	KLI
KOH	KRAFT	LE	MA	RUNG	WEN	ZIELE

Umweltschützer möchten schneller aus der Kohleförderung aussteigen,

um die _____ zu erfüllen.

Der Abbau von Kohle heißt _____ .

Umweltschützer, Parteien und die Energiewirtschaft haben viele Jahre über

die _____ gestritten.

Den Wechsel von Kohlestrom und Atomstrom zu erneuerbaren Energien nennen wir

die _____ .

3 Lies den Text in deinem → Schülerbuch: Seite 244, T2. Ordne zu.

Worum sorgt sich Lea?	ob immer Strom da ist, wenn wir ihn brauchen
Welches Problem nennt Marie?	Speicher und Batterien zu nutzen
Was schlägt Ben vor?	dass es nicht genug Batterien gibt
Welches Problem sieht Tim?	ob wir unseren Strom weiterhin bezahlen können
Was denkt Marie über den Straßenverkehr?	dass in 20 oder 30 Jahren fast nur noch Elektroautos fahren

4 Löse in deinem → Schülerbuch: Aufgabe A3 (Seite 245, T2). Liste auf.

für den Kohle-Ausstieg	gegen den Kohle-Ausstieg

9

Erreichen wir eine grenzenlose Sicherheit?

👄 **1** Sprich über das Bild. Nutze die Wörter.

der Soldat, -en	das Kind, -er	das Megafon, -e
das Graffito, Graffiti	der Aufruf	der Frieden

2 Was denkt der Soldat? Beschrifte die Denkblase.

3 Was ruft der Junge durch das Megafon?

Ich möchte ...   !

Ich wünsche mir ...   !

4 Wo könnte das Foto gemacht worden sein? Sieh dir den Hintergrund des Graffitos an.

| Ich denke ... | Die Landschaft ist ... |
| Die Farben sind ... | Das Foto könnte irgendwo in ... gemacht worden sein. |

→ Seite 258/259 im Schülerbuch

Der Traum von einer friedlichen Welt

1 Lies die Texte. Achte besonders auf die UNO und ihre Aufgaben.

T1 Lehren aus der Geschichte

1918 endete der Erste Weltkrieg. Millionen Menschen waren gestorben oder verletzt. Die Menschen wollten nie wieder einen neuen Krieg. Deshalb gründeten sie den

5 **Völkerbund**. Das war eine internationale Organisation, die den Frieden sichern sollte.

Aber der Völkerbund konnte den Zweiten Weltkrieg nicht verhindern.

Deshalb gründeten 51 Staaten der Welt im Jahr 1945

10 eine neue Weltgemeinschaft. Die neue Weltgemeinschaft heißt die **Vereinten Nationen (UNO)**. Die UNO hat drei große Aufgaben: Sie soll den Weltfrieden sichern, die Menschenrechte durchsetzen und die Gleichberechtigung aller Staaten respektieren.

15 **T2 Die Generalversammlung der UNO**

193 Staaten sind jetzt Mitglieder der UNO. Bei Abstimmungen hat jedes Land 1 Stimme. Die UNO hat ihren Sitz in New York. 1 Mal im Jahr treffen sich die Vertreter der Mitgliedstaaten zu einer Vollversammlung. Der

20 oberste Beamte der UNO ist der **Generalsekretär**. Immer wieder gibt es internationale Konflikte. Dann reist der Generalsekretär in die Krisengebiete. Der Generalsekretär führt Gespräche mit den Konfliktparteien. Dabei macht er Vorschläge zur Lösung des Konflikts.

25 **T3 Der Sicherheitsrat der UNO**

Der **Sicherheitsrat** ist das wichtigste Organ der UNO. Der Sicherheitsrat soll den Weltfrieden erhalten. Manche

---

die Voll·versammlung
Alle Mitgliedernehmen teil.

der Konflikt
ein Streit oder Krieg

die Konflikt·partei
eine Person oder Gruppe,
die mit einer anderen einen
Konflikt hat

das Organ
ein Teil einer Organisation

Staaten bedrohen andere Staaten oder greifen sie an. Dann kann der Sicherheitsrat Zwangsmaßnahmen anordnen. Die

30 UNO hat aber keine eigenen Soldaten. Deshalb müssen die Mitgliedstaaten Soldaten schicken.

die Zwangs·maßnahme
ein Druckmittel, das jemanden zwingen soll, sein Verhalten zu ändern

T4 UNO-Friedenseinsätze

Es gibt **friedenssichernde** Einsätze. Bei friedenssichernden Einsätzen überwacht die UNO zum Beispiel einen

35 Waffenstillstand. Das machen die **„Blauhelme"**. So heißen die Soldaten, weil sie blaue Helme tragen. Bei friedenssichernden Einsätzen sind Helfer dabei. Die Helfer organisieren Wahlen und helfen beim Wiederaufbau.

Es gibt auch **friedenserzwingende** Einsätze. Bei

40 friedenserzwingenden Einsätzen müssen die UNO-Soldaten kämpfen.

2 Lies T2. **Streiche die falschen Satzteile durch.**

Der UNO gehören *19 / 51 / 193* Staaten an.

Die Vertreter der Mitgliedstaaten treffen sich 1 Mal pro *Woche / Monat / Jahr*.

Jedes Land hat *1 Stimme / 2 Stimmen / so viele Stimmen wie Einwohner*.

Der Generalsekretär muss *in die Krisengebiete reisen / neue Gesetze verabschieden / die Konfliktparteien aus der UNO ausschließen*.

3 Löse in deinem → Schülerbuch: **Aufgabe A4 (Seite 259, T4). Was unterscheidet friedenssichernde und friedenserzwingende Einsätze der UNO? Markiere im Text und formuliere.**

Bei friedenssichernden Einsätzen ...

Bei friedenserzwingenden Einsätzen ...

→ Seite 260/261 im Schülerbuch

Menschenrechte und Völkerrecht

👁 **1** Lies die Texte. Achte besonders auf Menschenrechte und Völkerrecht.

T1 Die UN-Menschenrechtserklärung

Nach dem Zweiten Weltkrieg sollte jeder Mensch gleiche
Rechte bekommen. Diese Rechte sollten alle Staaten
anerkennen.

5 Deshalb veröffentlichten die Vereinten Nationen die
„Allgemeine Erklärung der **Menschenrechte**". Das war
1948.

Doch die Vereinten Nationen konnten die Staaten
nicht zwingen, die Menschenrechte durchzusetzen.

10 Deshalb mussten die Mitglieder der UNO Konventionen
unterschreiben. Einige Konventionen sind: das Abkommen
zur Beseitigung der Rassendiskriminierung (1965), das
Verbot von Folter und anderen erniedrigenden Bestrafungen
(1984) und die Garantie der besonderen Rechte von Kindern
15 (1989).

die Konvention
die Abmachung zwischen
verschiedenen Ländern

die Rassen·diskriminierung
die Benachteiligung oder
Herabsetzung von Menschen
aufgrund ihrer Hautfarbe
oder Herkunft

erniedrigend
demütigend, die Würde
eines Menschen verletzend

die Garantie
die Sicherheit, dass etwas
durchgesetzt wird

T2 Europa als Vorbild

In Europa können die Bürger ihren Staat verklagen, wenn
ihr Staat ihre Menschenrechte missachtet. Dafür gibt es den
Europäischen Gerichtshof in Straßburg.

ver·klagen
jemanden vor ein Gericht
bringen, weil er etwas
Unrechtes getan haben soll

20 T3 Menschenrechte verteidigen

In vielen Ländern der Erde können die Menschen ihre
Rechte nicht einklagen. Doch die UNO veröffentlicht
regelmäßig Länderberichte. Darin stellt die UNO Staaten
bloß, die gegen die Menschenrechte verstoßen. Auch andere
25 Organisationen stellen solche Staaten bloß, zum Beispiel
„Amnesty International" oder „Reporter ohne Grenzen".

bloß·stellen
öffentlich sagen, dass
jemand die Regeln
gebrochen hat, jemanden
blamieren

T4 Das Völkerrecht

Die Menschenrechte sind ein Teil des **Völkerrechts**.

Das Völkerrecht regelt die Beziehungen zwischen den

30 Staaten der Erde. Zum Völkerrecht gehört zum Beispiel der

Schutz von Verwundeten und Gefangenen im Krieg. Das

Völkerrecht verbietet auch besonders grausame Waffen wie

Giftgas. Das Völkerrecht schreibt vor, dass das Rote Kreuz

und der Rote Halbmond überall helfen dürfen. Das Rote

35 Kreuz und der Rote Halbmond kümmern sich im Krieg um

die Pflege von Verwundeten. Sie helfen auch, Gefangene in

ihre Heimatländer zurückzubringen.

das Rote Kreuz,

der Rote Halbmond

Hilfsorganisationen, die zum

Beispiel in Kriegsgebieten

Hilfe leisten

ab **2** Unterstreiche im Text und ergänze (T1, T2).

Die Menschenrechte sollen sicherstellen, dass alle Menschen _____

bekommen. Aber die _____ können keinen Staat zur Anerkennung

zwingen. Deshalb müssen alle Mitgliedstaaten der UNO _____

unterschreiben. Wenn ein Staat die Menschenrechte verletzt, können die Bürger ihren

Staat _____.

3 Löse in deinem → Schülerbuch: Aufgabe A3a) (Seite 261, T2, T3, M2). Ordne zu.

Das Abkommen zur Beseitigung von Rassendiskriminierung	schützt Menschen davor, dass ihr Land ihre Rechte missachtet.
Das Recht auf Freiheit und Sicherheit	schützt Menschen vor Armut.
Das Recht auf ein faires Gerichtsverfahren	sichert die Gleichberechtigung aller Menschen, egal welcher Hautfarbe und Herkunft.
Das Recht auf Bildung	schützt Menschen vor Folter und Erniedrigung.

→ Seite 268/269 im Schülerbuch

Die Staatengemeinschaft greift ein

👁 **1** **Lies die Texte. Achte besonders darauf, wie die Staatengemeinschaft Konflikte verhindern oder beenden kann.**

T1 „Stunde der Diplomatie"

Immer wieder verstoßen Staaten gegen internationale Verträge. Dann greift die Staatengemeinschaft (UNO) ein. Zuerst verhandeln die Vertreter der Staaten miteinander.

5 Diese Verhandlungen heißen „Stunde der Diplomatie". Diplomaten vertreten die Interessen ihrer Staaten oder internationaler Organisationen. Deshalb versuchen die Diplomaten, eine friedliche Lösung für die Konflikte zu finden.

die Diplomatie
Gespräche zwischen Staaten, um die Beziehungen zu verbessern oder einen Konflikt friedlich zu lösen

der Diplomat
eine Person, die eine Regierung vertritt und für sie verhandelt

10 T2 Sanktionen verhängen

Manchmal können die Diplomaten den Konflikt nicht lösen. Dann kann die Staatengemeinschaft (UNO) **Sanktionen** verhängen. Sanktionen sind politische und wirtschaftliche Strafmaßnahmen. Die UNO kann zum Beispiel die Einfuhr

15 oder Ausfuhr bestimmter Güter verbieten. Die UNO kann auch Konten einfrieren. Das sind wirtschaftliche Sanktionen. Politische Sanktionen beinhalten den Abbruch kultureller und diplomatischer Beziehungen. Politische Sanktionen können auch bedeuten, dass manche Personen

20 nicht mehr einreisen oder ausreisen dürfen.

das Konto einfrieren
Jemand, der Geld bei den Banken liegen hat, kann nicht mehr auf das Geld zugreifen.

der Ab·bruch
das Ende, die Beendigung

T3 Militärische Mittel

Manchmal wirken weder die Diplomatie noch die Sanktionen. Dann kann die internationale Gemeinschaft militärisch eingreifen. Dafür entscheidet der **UN-**

25 **Sicherheitsrat** über einen **friedenssichernden** oder **friedenserzwingenden Einsatz** (→ Seite 102/103).

Die UNO gibt dann den Auftrag, Truppen in die Krisenregion

zu schicken. Die UNO arbeitet manchmal mit der NATO

(→ Seite 34/35) zusammen. Wenn ein Staat ein Mitgliedsland

30 der NATO bedroht, kämpfen die Bündnispartner zusammen

gegen diesen Staat.

der Bündnis·partner

Staaten, die gemeinsam ein

Bündnis bilden

 2 **Wer macht was? Verbinde (T1, T2, T3).**

Die Diplomaten	lösen Konflikte	über einen militärischen Einsatz.
Die UNO	entscheidet	ihre Bündnispartner.
Der Sicherheitsrat	unterstützt	durch Gespräche.
Die NATO	verhängt	Sanktionen.

 3 **Löse in deinem → Schülerbuch: Aufgabe A3 (Seite 269, T3). Wie kann die UNO einen Frieden erzwingen? Ergänze die Sätze. Nutze die Wörter.**

ein Einsatz	friedenssichernd	friedenserzwingend
entscheiden	Truppen entsenden	die NATO
zusammenarbeiten	der Bündnispartner	kämpfen

Der UN-Sicherheitsrat kann über …

Die UNO kann …

Die UNO kann mit der NATO …

Wenn ein Staat einen NATO-Staat angreift, …

→ Seite 270/271 im Schülerbuch

Die Rolle Deutschlands

👁 **1** **Lies die Texte. Achte besonders auf die Aufgaben der Bundeswehr.**

T1 Auftrag der Bundeswehr

Deutschland trägt die Verantwortung für Kriege und
Völkermord. Deshalb war die Aufgabe der Bundeswehr
die Landesverteidigung. Außerdem beteiligte sich
5 die Bundeswehr an internationalen Einsätzen.
Bundeswehrsoldaten kämpften nicht. Aber sie halfen
anderen Ländern bei Hungersnöten oder nach Erdbeben.
Das nennen wir **humanitäre Hilfe**. Zu Beginn der
1990er-Jahre wurde Deutschland wiedervereinigt.
10 Danach erwarteten die **Bündnispartner** und die
Weltgemeinschaft mehr militärischen Einsatz von
Deutschland. Deutschland hat genug Soldaten und Geld für
Einsätze im Ausland. Deshalb sollen deutsche Soldaten nun
bei internationalen Einsätzen und in der NATO kämpfen.

die Landes·verteidigung

Die Bundeswehr durfte nur
Deutschland verteidigen. Sie
durfte kein anderes Land
angreifen oder in einem
anderen Land kämpfen.

der Einsatz

hier: die Beteiligung an
einer Hilfsaktion, auch: die
Beteiligung an einem Kampf

15 **T2 Wehrpflicht abgeschafft**

Zwischen 1962 und 2011 gab es in Deutschland die
Wehrpflicht. Das heißt: Alle Männer über 18 Jahren
mussten Wehrdienst leisten. Sie konnten als Ersatz
Zivildienst leisten. Heute gibt es Berufssoldaten oder
20 Zeitsoldaten. Diese Soldaten gehen freiwillig zur
Bundeswehr.
Während des Kalten Krieges gab es fast
500 000 Bundeswehrsoldaten. Im Moment sind etwa
182 000 Männer und Frauen bei der Bundeswehr.

der Wehr·dienst

als Soldat dienen

der Zivil·dienst

Junge Männer, die nicht
zur Bundeswehr wollten,
mussten eine soziale
Aufgabe übernehmen, zum
Beispiel Krankenpflege.

25 **T3 Ein hoher Einsatz**

Deutschland ist wichtig für die Gemeinschaft der
Staaten. Das bedeutet: Bundeswehrsoldaten müssen

auch bewaffnete Einsätze machen. Dabei starben seit

1992 über 100 Bundeswehrsoldaten. Die Einsätze kosten

30 auch viel Geld. Deshalb kritisieren viele Deutsche die

Auslandseinsätze. Sie sagen, dass militärische Einsätze

immer nur kurz Erfolge bringen. Viele deutsche Soldaten

waren in Afghanistan eingesetzt. Viele von ihnen

bezweifeln, ob ihr Einsatz sinnvoll war.

kritisieren

sagen, dass wir mit einer

Sache nicht einverstanden

sind

bezweifeln

etwas nicht glauben

2 Was waren die Aufgaben der Bundeswehr vor und nach 1991? Ordne zu (T1).

Kampf bei Einsätzen der NATO	humanitäre Hilfe
Landesverteidigung	Kampf bei internationalen Einsätzen

vor 1991	nach 1991

3 Ordne den Begriffen die Erklärungen zu (T2).

die Wehrpflicht

der Zivildienst

der Berufs- und Zeitsoldat

soziale Aufgabe statt Wehrdienst

alle mussten zur Bundeswehr

Soldaten, die freiwillig dienen

4 Löse in deinem → Schülerbuch: Aufgabe A2 (Seite 271, T3, M1, M3). Ergänze.

Mali   gestorben   Kosovo   Schutz   Afghanistan   Geld   Überwachung   Ausbildung

Die Bundeswehr wird zum Beispiel in _____, im

_____ und in _____ eingesetzt.

Die Aufgaben der Bundeswehr sind zum Beispiel: _____,

_____, _____.

Über 100 deutsche Soldaten sind dabei schon _____.

Die Einsätze kosten auch sehr viel _____.

Methode

D1 Die Geschichtskarte

Geschichtskarten auswerten

- Die Überschrift der Karte nennt das Thema ...
- Die Karte zeigt die Zeit von ... bis ...
- Dieser Raum wird dargestellt: ...
- Der Raum gehört zu diesem größeren Bereich (Land, Kontinent, Meer): ...
- In der Legende werden diese Farben, Linien und Symbole aufgeführt: ...
- Die Farben, Pfeile und Symbole zeigen/stehen für: ...
- Die helleren Flächen/die dunkleren Flächen zeigen/stehen für: ...
- Diese Flüsse, Meere, Berge, Städte, Länder, Grenzen sind beschriftet: ...
- Die Karte stellt dar: ...

Pro und Kontra diskutieren

eine Meinung vertreten:

- Ich bin für/gegen, weil ...
- Dafür spricht, dass .../Den Fakten zufolge ...
- Ich glaube, .../Meiner Ansicht nach .../Ich bin sicher/überzeugt, dass ...

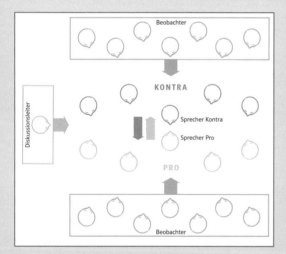

D2 Sitzordnung bei einer Pro- und Kontra-Diskussion

eine Diskussion leiten:

- Danke. Als Nächstes ist ... dran./Das Wort hat jetzt ...
- Du hast noch ... Minuten./Deine Redezeit ist um.
- Du meinst also, dass .../Lass mich dein Argument zusammenfassen: ...
- Wie meinst du das?/Kannst du das genauer erklären?

über die Diskussion sprechen:

- Ich fand die Diskussion sachlich/interessant/fair.
- Ich fand die Diskussion verwirrend/langweilig/unfair.
- Ich fand, dass der Punkt ... (nicht) geklärt werden konnte.

Q3 Die Karikatur: Die EU – ein sinkendes Schiff?
Karikatur von Klaus Stuttmann, 2019

Karikaturen deuten

- Die Bildunterschrift nennt das Thema …
- Die Zeit, in der die Karikatur entstand, ist …
- Folgende Gegenstände/Personen/Tiere sind abgebildet: …
- Man kann Begriffe/Texte/Wörter lesen …
- Einzelne Elemente der Zeichnung haben eine Bedeutung: … steht für …
- … ist übertrieben dargestellt.
- Es wirkt lustig, dass …
- Der Zeichner will damit ausdrücken, dass …
- Der Zeichner kritisiert …
- Der Zeichner macht darauf aufmerksam, dass …
- Der Zeichner möchte, dass der Betrachter …

Einen Konflikt analysieren

- An dem Konflikt sind … und … beteiligt.
- Der Konflikt begann am …/im Jahr …, weil …
- Es geht um …
- Der Konflikt ist eskaliert, weil …
- Die Konfliktparteien bekämpfen sich mit/durch …
- Die Folgen für die zivile Bevölkerung sind …
- Es gibt Versuche von …, den Opfern zu helfen/zwischen den Konfliktparteien zu vermitteln/den Konflikt zu beenden.
- Vielleicht gibt es eine Chance auf Frieden, wenn …
- Der Konflikt zeigt, dass …

Die Grammatik

das Verb

die schwachen Verben				
	Präsens	Perfekt		Präteritum
Infinitiv	beschreiben			
ich	beschreibe	**habe**	beschrieben	beschrieb
du	beschreibst	**hast**	beschrieben	beschriebst
er/sie/es	beschreibt	**hat**	beschrieben	beschrieb
wir	beschreiben	**haben**	beschrieben	beschrieben
ihr	beschreibt	**habt**	beschrieben	beschriebt
sie	beschreiben	**haben**	beschrieben	beschrieben

die starken Verben				
	Präsens	Perfekt		Präteritum
Infinitiv	sprechen			
ich	spreche	**habe**	gesprochen	sprach
du	sprichst	**hast**	gesprochen	sprachst
er/sie/es	spricht	**hat**	gesprochen	sprach
wir	sprechen	**haben**	gesprochen	sprachen
ihr	sprecht	**habt**	gesprochen	spracht
sie	sprechen	**haben**	gesprochen	sprachen

besondere unregelmäßige Verben						
	Präsens	Perfekt	Präteritum	Präsens	Perfekt	Präteritum
Infinitiv	sein			haben		
ich	bin	**bin** gewesen	war	habe	**habe** gehabt	hatte
du	bist	**bist** gewesen	warst	hast	**hast** gehabt	hattest
er/sie/es	ist	**ist** gewesen	war	hat	**hat** gehabt	hatte
wir	sind	**sind** gewesen	waren	haben	**haben** gehabt	hatten
ihr	seid	**seid** gewesen	wart	habt	**habt** gehabt	hattet
sie	sind	**sind** gewesen	waren	haben	**haben** gehabt	hatten

das Substantiv

das Substantiv und die Artikel				
	männlich	weiblich	sächlich	Plural
Nominativ	der/ein Plan	die/eine Person	das/ein Land	die/ –
Genitiv	des/eines Plans	der/einer Person	des/eines Landes	der/ –
Dativ	dem/einem Plan	der/einer Person	dem/einem Land	den/ –
Akkusativ	den/einen Plan	die/eine Person	das/ein Land	die/ –

das Adjektiv

Adjektive bei Substantiven				
	männlich	weiblich	sächlich	Plural
Nominativ	der gute König	die neue Erfindung	das große Land	die vielen Menschen
Genitiv	des guten Königs	der neuen Erfindung	des großen Landes	der vielen Menschen
Dativ	dem guten König	der neuen Erfindung	dem großen Land	den vielen Menschen
Akkusativ	den guten König	die neue Erfindung	das große Land	die vielen Menschen

die Steigerung der Adjektive			
	Positiv	Komparativ	Superlativ
regelmäßig	klein	kleiner	am kleinsten
mit Umlaut	groß	größer	am größten
unregelmäßig	viel	mehr	am meisten
	gut	besser	am besten

die Satzarten

der Aussagesatz (.)		
Subjekt	Prädikat	Objekt
Ich	sammle	interessante Fotos und Texte.
Er	lernt	die neuen Wörter.
Sie	lesen	ein Buch.

der Fragesatz (?)					
Ergänzungsfrage (W-Fragen)			Entscheidungsfrage		
Fragewort	Prädikat		Prädikat	Subjekt	
Wer	war	Michail Gorbatschow?	Hast	du	Hunger?
Was	ist	eine Besatzungszone?	Kommt	sie	von weit her?
Wann	lebte	Rosa Luxemburg?	Lernt	er	gut?
Wo	streikten	die Arbeiter?	Können	Sie	helfen?
Wie	hieß	der erste Satellit?	Nennst	du	ein Beispiel?

der Aufforderungssatz (./!)	
Prädikat	
Schreibe	die Wörter ab.
Beobachte	das Wetter!
Lies	den Text.

der Ausrufesatz (!)
Der Krieg ist vorbei!
Die Grenzen sind offen!
Das ist unglaublich!

Neue Wörter

Hinweis: Manche Wörter bestehen aus 2 oder mehr Teilen
(zum Beispiel: die Zeit + die Reise → die Zeitreise).
Der kleine Punkt (·) zeigt dir die Teile des Wortes: die Zeit·reise.

1 Nationalsozialismus, Zweiter Weltkrieg und Holocaust	Erklärung/Übersetzung	Seite im Heft
das Ermächtigungs·gesetz		
gleich·geschaltet		
die Rasse, -n		
die Presse·freiheit		
die Meinungs·freiheit		
der Hitler-Stalin-Pakt		
das Vernichtungs·lager, die Vernichtungs·lager		
die Wannsee-Konferenz		

2 Deutschland nach dem Krieg	Erklärung/Übersetzung	Seite im Heft
die Besatzungs·zone, -n		
der Alliierte Kontroll·rat		
die SED (die Sozialistische Einheits·partei Deutschlands)		
die SPD (die Sozial·demokratische Partei Deutschlands)		
die CDU (die Christlich-Demokratische Union)		
die FDP (die Freie Demokratische Partei)		
die KPD (die Kommunistische Partei Deutschlands)		

3 Die Welt im Kalten Krieg	Erklärung/Übersetzung	Seite im Heft
die Revolution, -en		
kommunistisch		
die Krise, -n		
die Plan·wirtschaft		
der Warschauer Pakt		
3 Die Welt im Kalten Krieg	Erklärung/Übersetzung	Seite im Heft

4 Deutschland – geteilt, vereint	Erklärung/Übersetzung	Seite im Heft
der Parlamentarische Rat		
das Grund·gesetz		
das Grund·recht, -e		
die SED (Sozialistische Einheits·partei Deutschlands)		
die Plan·wirtschaft		
der freie Markt		
die soziale Markt·wirtschaft		
das „Wirtschafts·wunder"		
die „außer·parlamentarische Opposition"		
der „Achtundsechziger", die „Achtundsechziger"		
der Bundes·kanzler		

5 Begegnung von Kulturen in Europa	Erklärung/Übersetzung	Seite im Heft
der Staats·bürger, die Staats·bürger		
die Gleich·stellung		
die Emanzipation		
der National·staat, -en		
der Anti·semitismus		
die „Erb·feind·schaft"		
die Wieder·vereinigung		
der Nachbar·schafts·vertrag		

6 Demokratie in Deutschland – wie bringe ich mich ein?	Erklärung/Übersetzung	Seite im Heft
die Staats·gewalt, -en		
der Föderalismus		
der Vertreter, die Vertreter		
die Diktatur, -en		
der Diktator, -en		
der Wähler, die Wähler		
die Interessen·gruppe, -en		
die Legislative		
der Abgeordnete, -n		
der Fraktions·zwang		
die Bundes·regierung		
der Bundes·tag		
das Kabinett		
das Kanzler·prinzip		
das Ressort, -s		
das Ressort·prinzip		
das Kollegial·prinzip		
der Macht·missbrauch		
die Exekutive		
der Bundes·präsident		
das Staats·ober·haupt, -häupter		
die Staats·bürger·schaft		
die Bundes·versammlung		

7 Die EU – ein Garant für Frieden, Wohlstand und Sicherheit?	Erklärung/Übersetzung	Seite im Heft
der Wirt·schafts·raum, -räume		
der Verhandlungs·partner, die Verhandlungs·partner		
die Wirtschafts·kraft		
der Wohl·stand		
die Infra·struktur		
zoll·frei		
das passive Wahl·recht		
das demokratische Auswahl·verfahren		
die Fraktion, -en		
die Gesetz·gebung		
die Europäische Kommission		
der Minister·rat		
der Europäische Rat		
der EU-Gipfel, die EU-Gipfel		
der Präsident des Europäischen Rates		
die Europäische Kommission		
die Rechts·staatlichkeit		
der Vertrag von Lissabon		
die Verordnung, -en		
die Richt·linie, -n		
das Organ, -e		
das Gesetz·gebungs·verfahren		
das Mit·entscheidungs·verfahren		

8 Umwelt und Wirtschaft – miteinander oder gegeneinander?	Erklärung/Übersetzung	Seite im Heft
die Industrielle Revolution		
der Schad·stoff, -e		
der Umwelt·schutz		
die Erd·er·wärmung		
die Nach·haltig·keit		
der Roh·stoff, -e		
die Agenda 21		
die Agenda 2030		
der Klima·schutz		
das Kyoto-Protokoll		
der Emissions·handel		
die Atom·kraft		
die Energie·wende		

9 Erreichen wir eine grenzenlose Sicherheit?	Erklärung/Übersetzung	Seite im Heft
der Völker·bund		
die Vereinten Nationen (UNO)		
der General·sekretär, -e		
friedens·sichernd		
friedens·erzwingend		
das Menschen·recht, -e		
das Völker·recht		
die Sanktion, -en		
der UN-Sicherheits·rat		
die humanitäre Hilfe		
der Bündnis·partner, die Bündnis·partner		
die Welt·gemeinschaft		
die Wehr·pflicht		

5

 Weitere neue Wörter

Wort	Erklärung/Übersetzung

Quellennachweis